AF261637

MANUEL DU CITOYEN

SUR

SES DROITS ET SUR SES DEVOIRS.

MANUEL DU CITOYEN

SUR

SES DROITS ET SES DEVOIRS,

A L'USAGE DES COURS D'ADULTES, PRESCRITS PAR LE MINISTRE
DE L'INSTRUCTION PUBLIQUE AUX INSTITUTEURS,

Par F. PERRON,

Professeur à la faculté de Besançon, membre du conseil-général
de la Haute-Saône.

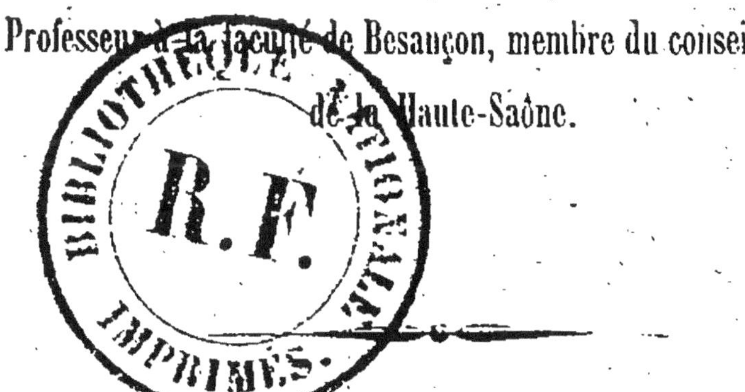

BESANÇON,

IMPRIMERIE DE SAINTE—AGATHE AÎNÉ.

—

1848.

MANUEL DU CITOYEN

SUR

SES DROITS ET SES DEVOIRS.

CHAPITRE PREMIER.
De l'état social.

§ 1.

Définition de la Société.

La Société est l'union des hommes entre eux.

Toute Société forme un corps, dont chaque individu est un membre, et dont tous les membres doivent vivre d'une vie commune.

De même que les différents membres du corps ne peuvent vivre séparés de lui, de même aucun homme ne peut vivre hors de la Société.

Toutes les facultés de l'homme, tous ses instincts, tous ses besoins réclament l'état des idées justes et saines au sein d'une population qui s'est toujours montrée disposée à les accueillir favorablement.

Agréez, Monsieur, l'assurance de mon attachement et de ma considération très-distinguée.

Le Recteur,

CARBON.

Je n'ai pas hésité à répondre à l'appel qui m'est fait. Quelques jours sont bien peu pour composer un ouvrage aussi sérieux, aussi important ; mais c'est un titre à l'indulgence.

F. PERRON.

Besançon, le 22 mars 1848.

Besançon, le 17 mars 1848.

LE RECTEUR DE L'ACADÉMIE,

A M. PERRON, *professeur de philosophie
à la faculté des lettres de Besançon.*

MONSIEUR,

M. le Ministre de l'instruction publique et des cultes invite les Recteurs, dans une circulaire en date du 6 de ce mois, à faire composer de courts *Manuels*, à l'usage des instituteurs, *sur les droits et les devoirs du citoyen.* Je viens vous prier de vouloir bien vous charger de cette tâche, qui me paraît tout-à-fait en harmonie avec la nature de vos études. Bien que le temps presse, je connais assez votre talent et votre désir de contribuer au bien public, pour être assuré que vous n'hésiterez pas, sur l'appel de M. le Ministre, à répandre social : la Société est donc *naturelle* et *nécessaire* à l'homme.

Les hommes sont unis en Société pour s'entr'aider dans l'accomplissement de leurs devoirs et dans la jouissance de leurs droits.

§ 2.

Des devoirs et des droits généraux de l'homme.

Les devoirs de tout homme envers soi-même se réduisent à ces trois points : *Conserver, développer, perfectionner* les facultés de son âme et les organes de son corps.

Ses droits découlent de ses devoirs et leur ressemblent.

Tout homme a donc le droit de *conserver* ses facultés, de les *développer*, de les *perfectionner.*

Ses semblables ayant les mêmes devoirs et les mêmes droits, tout homme est tenu, 1° de ne point entraver les autres hommes dans l'accomplissement de leurs devoirs et dans la jouissance de leurs droits;

2° De les aider à jouir de leurs droits et à remplir leurs devoirs.

Le premier devoir est de stricte *justice*.

Le second est un devoir de *charité*.

La justice défend de nuire à ses semblables.

La charité ordonne de leur être utile.

L'état social comprend à la fois les devoirs de justice et ceux de charité : si la société réprime le mal, elle excite au bien ; elle veut que *tous soient pour un seul, comme un seul pour tous.*

Les droits et les devoirs de l'homme lui sont révélés par ses besoins.

§ 3.

Des besoins de l'homme.

L'homme a les besoins de l'âme et les besoins du corps.

Son âme a besoin de connaître la *vérité*, d'aimer le *bien* et le *beau*, de les vouloir, de les pratiquer, et de jouir du bonheur qui résulte de la pratique du bien.

Le corps a besoin de tout ce qui peut conserver sa vie, développer ses organes, les rendre plus forts et plus agiles.

L'éducation est chargée de satisfaire les besoins de l'âme.

L'éducation développe et perfectionne l'*intelligence* par la science, la littérature et l'art; *le cœur* et *la volonté* par l'enseignement et l'habitude du bien.

L'agriculture et l'industrie pourvoient aux besoins du corps.

L'homme a le *droit* et le *devoir* d'user de tous les moyens nécessaires à la satisfaction de ses besoins légitimes.

Les différents moyens de satisfaire aux besoins de l'homme sont réunis dans ce qu'on appelle la PROPRIÉTÉ.

CHAPITRE II.

De la propriété.

La propriété est le droit d'user, pour satisfaire à ses besoins légitimes, des biens de la terre, des produits du travail et de l'intelligence, ainsi que des capitaux qui représentent la valeur de ces biens et de ces produits.

La propriété s'acquiert et se légitime par le travail, elle se transmet par héritage, par testament ou par vente, conformément aux lois établies.

Le droit de propriété n'est pas moins sacré que tous les autres droits : chaque homme est tenu de le respecter chez ses semblables, comme ils sont tenus de le respecter chez lui.

Mais pour qu'il soit respectable, le droit de propriété ne doit pas être le privilége de quelques-uns : tous doivent pouvoir y prétendre sous les seules conditions du travail et de la conduite.

Le droit de propriété n'est point un droit stérile. Toute propriété doit être fécondée par l'intelligence et l'industrie de l'homme au profit de la Société comme du propriétaire.

Ce droit ne saurait non plus s'étendre à l'abus.

L'homme a le droit d'*user*, jamais d'*abuser :* l'abus est un désordre, que la morale et les lois sages réprouvent également.

CHAPITRE III.

Des institutions sociales.

Toute Société repose sur des *institutions fondamentales ;* elle se conserve et se développe par des *lois* successivement établies.

Les institutions sociales doivent être en harmonie avec l'*essence* et le *but* de la Société.

L'essence de la Société est l'*union*. Une Société est donc d'autant plus parfaite que l'union est plus étroite entre les hommes associés.

Par conséquent les meilleures institutions sont celles qui favorisent le plus l'union entre les hommes, et les plus mauvaises celles qui établissent et entretiennent parmi eux les divisions.

Les priviléges, la séparation des membres de la Société en castes ou en ordres, l'exploitation des uns par les autres, sont autant de causes de division entre les hommes.

L'union des membres de la Société repose 1° sur l'*égalité* entre tous, 2° sur la *fraternité*, qui les fait se considérer et se traiter comme autant d'enfants d'un même père.

Les institutions fondamentales d'une Société doivent donc établir, avant tout, l'*égalité* des droits, et fomenter les sentiments de *fraternité*.

CHAPITRE IV.

De l'égalité,

L'égalité n'est pas le niveau de l'*uniformité*.

Les institutions sociales ne peuvent contredire la nature, et la nature n'a pas fait les hommes uniformes.

Ils ont tous même origine et même destinée.

Ils ont les mêmes facultés et les mêmes organes.

Mais tous n'ont pas la même aptitude à développer leurs facultés; les organes n'ont pas chez tous la même force, la même souplesse; les goûts, les passions, les tendances diffèrent selon l'âge, le sexe, la position de chaque individu.

Dieu l'a voulu ainsi, pour répandre dans les sociétés humaines, comme dans toutes ses œuvres, cette variété qui en fait la beauté, et afin que les hommes sentent mieux le besoin qu'ils ont les uns des autres.

Mais cette diversité n'empêche ni l'égalité des droits ni celle des devoirs.

Tous les hommes ayant les mêmes facultés fondamentales, sont également tenus de les *conserver*, de les *développer*, de les *perfectionner*.

Tous ayant les mêmes besoins essentiels, ont des droits égaux d'employer les *moyens nécessaires* à les satisfaire.

Les institutions sociales sont vicieuses quand elles ne consacrent pas chez tous cette égalité de droits et de devoirs.

Mais elles tenteraient l'impossible, elles iraient contre la force même des choses et les lois imprescriptibles de la nature, si elles prétendaient rendre uniformes les aptitudes et les positions.

Il appartient aux institutions sociales d'ouvrir *également* pour *tous* les sources de l'intelligence, du travail, de la fortune et du bonheur.

Mais c'est à chaque homme d'y puiser selon la mesure de ses forces. Les inégalités sociales ne doivent avoir d'autre cause que la différence du mérite.

CHAPITRE V.
De la Fraternité.

L'*égalité* doit être établie et maintenue par les institutions. La *fraternité* est inspirée par le cœur; elle ne peut être commandée que par une éducation morale et religieuse.

Cette éducation enseigne aux hommes :

Qu'ils sont frères, puisqu'ils ont tous la même origine, la même nature et la même destinée;

Qu'ils doivent s'entr'aider dans l'accomplissement de leur tâche, le fort protéger le faible, le savant éclairer l'ignorant, le riche soulager le pauvre;

Que les avantages des *uns* doivent être au profit de *tous*;

Que ceux qui souffrent de maladie, de vieillesse ou de misère sont la partie la plus sacrée de cette grande famille de frères, où ne doit régner qu'un seul sentiment, *l'amour mutuel*, qu'un seul mobile, le *dévouement de tous à tous*;

Qu'enfin la *cité* politique et civile, formée par les hommes sur la terre, doit avoir son modèle éternel dans la *cité de Dieu*, où les premiers par l'orgueil et la dureté de cœur seront les derniers, où les rangs ne sont distribués que par la vertu, et où chacun est heureux de la place que l'infaillible justice lui a désignée.

CHAPITRE VI.

De la liberté.

La Société a pour but de donner aux hommes les moyens de remplir leurs devoirs et de jouir de leurs droits ; en un mot, d'*accomplir leur destinée*.

Les autres créatures vont à leur fin sans le savoir et sans le vouloir ; la main de Dieu les pousse infailliblement au but.

Il n'en est pas de même de l'homme : sa destinée est remise en ses mains, le développement et le perfectionnement de ses facultés est son ouvrage ; c'est *volontairement* qu'il atteint ou manque sa fin.

On appelle *liberté* cette faculté par laquelle chaque homme dirige sa conduite et se fait sa destinée.

La liberté de l'homme est la condition nécessaire de ses devoirs et de ses droits ; elle seule le rend responsable de ses actions, digne de récompense ou de châtiment : par la liberté seule il ressemble à Dieu, il est vraiment homme.

Lui enlever la liberté c'est, à la fois, le réduire à l'*impuissance* et le *dégrader* ; c'est le faire descendre de son rang d'homme à l'état de la brute ; c'est, en lui ravissant tous ses droits, le dispenser de tout devoir.

La liberté comprend tout, la religion même ; elle n'a de limites que dans la conscience du devoir et dans l'intérêt des autres.

C'est le droit d'*aller et de venir*,

De *penser et d'exprimer ses pensées*,

De *disposer de ses biens*,

De *diriger son éducation et celle de ses enfants*,

De *concourir*, avec tous les autres membres de la Société, à la *constitution* de l'État, à la *forme du Gouvernement*, à l'*établissement des lois* que réclament les besoins sociaux.

La liberté est donc la plus précieuse des facultés de l'homme ; avec elle il est tout ce qu'il peut être, sans elle il n'est rien.

La valeur des institutions politiques et civiles se mesure au degré de liberté qu'elles accordent à l'homme.

Plus elles lui en enlèvent *sans nécessité pour l'ordre*, plus elles sont vicieuses; plus elles lui en accordent *sans compromettre l'ordre*, plus elles sont parfaites.

Le point difficile des institutions sociales est dans l'*accord de la liberté avec l'ordre*.

CHAPITRE VII.

Accord de l'ordre et de la liberté.

L'ordre fait que chaque chose est à sa place; et quand tout est à sa place, tout est bien.

L'ordre social consiste en ce que chaque homme occupe *la place qui lui convient le mieux* pour remplir ses devoirs et jouir de ses droits.

Si les hommes voyaient toujours clairement les limites de leurs devoirs et de leurs droits, s'ils savaient modérer leurs désirs, jamais l'ordre public ne serait troublé par l'exercice de leur liberté.

Mais le plus souvent l'ignorance leur cache les bornes de leurs droits personnels et l'étendue de leurs devoirs envers les autres; d'un autre côté, les passions les poussent à enfreindre leurs devoirs comme à outre-passer leurs droits.

Leur liberté empiète ainsi sur la liberté d'autrui. Il faut alors que les institutions interviennent pour contenir ces libertés diverses dans de justes limites.

Les institutions sont sages quand elles ne restreignent la liberté de *chacun* que dans l'intérêt de la liberté de *tous*.

Si elles vont au-delà de cette condition, si elles restreignent ou détruisent la liberté de la masse dans l'intérêt de quelques-uns, l'égalité est violée, la liberté n'est plus que le privilége du petit nombre; l'ordre même cesse d'exister, puisque les hommes ne sont plus à leur place légitime, ni ceux qui ont usurpé la liberté des autres, ni ceux qui ont perdu la leur.

La liberté est nécessaire à l'ordre comme l'ordre à la liberté.

La liberté sans l'ordre c'est la licence, la

licence conduit à l'anarchie, et l'anarchie à la dissolution sociale, dans laquelle tout périt, même la liberté.

L'ordre, sans la liberté, ressemble au repos de la tombe. Condamnée à l'impuissance de se développer par le progrès, la Société, sous un pareil régime, rétrograde vers la barbarie pour se dissoudre dans la corruption.

L'ordre conserve, la liberté féconde et développe; elle est la vie dans toutes ses manifestations, comme l'ordre en est la condition nécessaire.

La perfection de l'état social est donc dans la combinaison de *l'ordre le plus fort* avec la *liberté la plus large*.

CHAPITRE VIII.

Des Lois.

§ 1.

De la nature des lois et de leurs conditions.

La Société, une fois assise sur des institutions libérales et fortes, se maintient et se développe par des lois successives.

Les lois sont les règles établies pour constater et satisfaire les besoins qui se manifestent successivement dans la Société; c'est-à-dire pour reconnaître de nouveaux droits et prescrire de nouveaux devoirs.

Les lois embrassent tous les éléments sociaux.

Les unes concernent l'agriculture, l'industrie et le commerce;

Les autres l'éducation publique et la religion dans ses rapports avec l'Etat;

Celles-ci l'administration et la police intérieure;

Celles-là l'organisation de l'armée, la défense du territoire et de l'indépendance nationale;

D'autres enfin les rapports internationaux, ou de l'Etat avec les autres Etats.

Toute loi doit être *claire*, *courte*, et ne porter que sur un intérêt *général*.

Les lois doivent, autant que possible, découler des institutions fondamentales; en aucun cas elles ne peuvent les contredire.

La multiplicité des lois n'est pas moins nuisible que l'absence de toute loi. La justice se perd dans leur dédale, les citoyens, pour qui elles sont faites, ne peuvent les connaître.

Le code le plus simple est en même temps le plus parfait.

L'Evangile et le *Décalogue* sont des modèles de législation.

§ 2.

De la réforme des lois et des institutions.

Une législation vicieuse *s'améliore* par des *réformes*.

Des institutions mauvaises ne se *réforment* guère que par une *révolution*.

On ne doit pas *révolutionner* ce qui n'a besoin que d'être *réformé*. La sagesse défend de jeter à bas l'édifice tant qu'il peut abriter commodément ses habitants.

Mais s'obstiner à y rester lorsqu'il tremble sur ses fondements ébranlés, c'est s'exposer, de gaîté de cœur, à périr sous ses ruines.

Il y a donc des révolutions comme des réformes *nécessaires*; et les unes comme les autres ne sont *légitimes* que parce qu'elles sont *nécessaires*.

CHAPITRE IX.
Des avantages et des charges de la Société.

Des avantages sociaux.

Dans une Société bien organisée, les avantages comme les charges doivent être équitablement répartis.

Non-seulement la Société doit donner à tous ses membres les mêmes moyens de se conserver et de se perfectionner, sous le triple rapport du corps, de l'esprit et du cœur ; mais elle doit à tous une égale protection pour féconder leurs entreprises et leurs travaux.

Si sa balance devait pencher dans un sens, ce serait du côté des faibles, des ignorants et des pauvres, parce que la richesse et l'habileté sauraient bientôt rétablir l'équilibre en leur faveur.

Toutes les fonctions, toutes les dignités publiques doivent être accessibles à *tous*.

Mais comme tous n'ont pas la même aptitude d'intelligence et de cœur, l'équité veut que les emplois ne soient accordés qu'*aux plus dignes*.

La naissance, la fortune, la protection de la puissance ne donnent pas le *mérite*, et le mérite seul a des droits.

Quand le privilége et la faveur distribuent les fonctions publiques, la capacité ou la médiocrité commandent à la supériorité; les rapports naturels sont intervertis, la justice est violée, la Société tout entière en souffre.

Les emplois ne sont pas *faits* pour ceux qui les occupent, mais pour le peuple qui les donne, et qui ne doit les donner qu'à ceux qui sont *faits* pour les remplir avec intelligence et dévouement.

CHAPITRE X.

§ 1er.

Des charges publiques.

Les principales charges publiques sont l'impôt de *l'argent* et celui du *service* de guerre, qu'on a justement appelé jusqu'ici *l'impôt du sang.*

La Société a des charges; elle est obligée de pourvoir :

A la défense du territoire,

A l'entretien des armées de terre et de mer,

A l'administration de la justice et des affaires,

Aux besoins du culte et de l'instruction publique, comme à ceux de l'agriculture et de l'industrie,

Aux progrès des sciences qui éclairent les nations,

A l'encouragement des arts qui les couronnent de gloire.

§ 2.

Des impôts.

Pour suffire à ses charges, la Société est obligée de recourir aux *impôts*, et les impôts ne peuvent être supportés que par les membres de la Société.

La répartition des charges doit être faite d'après ces deux principes :

N'imposer que celui qui peut l'être;

Imposer tous ceux qui peuvent l'être dans la proportion de ce qu'ils peuvent.

Car les devoirs sont en rapport avec le pouvoir : *qui ne peut rien ne doit rien, qui peut plus doit plus.*

L'impôt se répartit :

Entre les personnes, c'est l'impôt *personnel* ;

Entre les fortunes, c'est l'impôt sur le *mobilier*, les *maisons*, les *terres*, auquel on peut ajouter l'impôt sur les *capitaux* qui représentent les autres valeurs.

Ces impôts s'appellent *directs*, parce qu'ils sont prélevés directement sur celui qui les paie.

On y a joint les impôts *indirects*, qui comprennent : L'*impôt sur le sel, les boissons, les tabacs, etc.*, *les impôts de l'octroi*, *ceux des douanes*.

Les conditions essentielles de tout impôt sont,

1° Qu'il coûte le moins de frais à percevoir ;

2° Qu'il soit le moins onéreux et le moins nuisible possible à la production de l'agriculture, à l'industrie, au travail, aux classes pauvres.

Mais tout impôt régulièrement établi, sur quelque objet qu'il porte, et de quelque manière qu'il se perçoive, doit être payé sans révolte ni murmure. S'y soustraire par la fraude, c'est voler l'Etat ; par la violence, c'est ajouter au vol un crime.

L'impôt du service comprend *l'armée* et la *garde nationale.*

§ 3.

De l'armée.

Dans les sociétés régulières, il n'y a point de troupes *mercenaires* ; l'armée est essentiellement *nationale.*

Les troupes mercenaires coûtent beaucoup, rapportent peu, et ne servent souvent qu'à opprimer la patrie.

Une armée nationale n'est composée que de citoyens, chargés, chacun à son tour, de veiller au salut de tous.

Le peuple ne voit en eux que des *enfants et des frères* ; eux ne voient dans la patrie qu'une *mère* qui fait appel à leur courage pour la défense de son honneur, de sa tranquillité, de ses droits.

Tout citoyen doit répondre avec empressement à cet appel de la patrie, soit qu'elle exige le service de tous, soit qu'elle n'ait besoin que du dévouement d'un petit nombre.

Mais quelque doux et glorieux qu'il soit, ce service de la patrie n'en est pas moins une *charge*.

Et comme toute charge doit être équitablement répartie, il est juste que ceux qui ne la supportent pas concourent à indemniser ceux sur qui le sort ou le choix du pays l'a fait tomber.

C'est à la Société qu'il appartient d'établir ici de légitimes compensations.

L'armée est la force et le bouclier du pays.

Aucune force n'est utile qu'à la condition d'être docile à la voix qui la guide ; voilà pourquoi la *discipline*, l'*obéissance* à l'ordre du chef, c'est-à-dire de la patrie qu'il représente, est la première vertu et le devoir fondamental de l'armée.

Et comme la force n'est régulière que par son union avec la justice, la force de l'armée ne doit être qu'au service des droits de la patrie.

La guerre, sans la plus juste cause, n'est qu'un acte de barbarie.

Pour que l'homme verse le sang des hommes, il faut qu'il y soit forcé par la plus impérieuse nécessité.

§ 4.

De la Garde nationale.

La garde nationale comprend tout citoyen capable de porter une arme.

C'est un honneur et un devoir d'en faire partie.

La garde nationale est la nation armée pour la défense de ses droits ; toujours et partout présente, elle est prête à répondre au premier signal du danger, aussi bien contre les *perturbateurs* que contre la *tyrannie*.

La tyrannie confisque à son profit l'édifice social.

Les perturbateurs le bouleversent de fond en comble.

Ils ne sont pas moins dangereux que la tyrannie.

CHAPITRE XI.

§ 1.

Du souverain.

Qui dit souverain dit *maître.*

L'homme n'a d'autre maître que *Dieu* dont il est l'ouvrage.

Quiconque prétend à la souveraineté sur les hommes usurpe les droits de Dieu même.

Après Dieu, l'homme est son propre souverain.

Mais comme l'homme ne peut vivre hors de la société, et que la souveraineté des individus doit disparaître devant celle de tous, la souveraineté de chaque homme s'absorbe dans la *souveraineté du peuple.*

§ 2.

De la souveraineté du peuple.

La souveraineté du peuple est son *indépendance.*

Aucun peuple ne *dépend* d'un autre peuple, encore moins d'un homme ou d'une famille.

Quiconque s'arroge la souveraineté sur un peuple est un *usurpateur ;* et l'usurpation de la souveraineté du peuple s'appelle *tyrannie.*

La souveraineté pour un peuple c'est le droit d'être maître *de lui et chez lui*, de ne reconnaître sur la terre aucune volonté supérieure à la sienne.

Mais la souveraineté du peuple n'est pas la *licence* de tout vouloir et de tout faire.

Toute volonté, celle de Dieu même, a des *règles.*

Au-dessus de la volonté des peuples règnent les lois éternelles de la raison et de la justice, qu'aucune puissance n'a le droit de méconnaître ni d'enfreindre.

Les hommes ont beau les oublier ou les violer ; ces lois augustes n'en demeurent pas moins les règles supérieures de leurs droits et de leurs devoirs.

Nulle puissance humaine ne saurait changer le bien en mal, ni le mal en bien, et l'autorité la plus absolue n'a le droit que de prescrire le bien et de défendre le mal.

§ 3.

De la volonté du peuple.

La souveraineté du peuple se manifeste par le libre exercice de sa volonté.

La volonté d'un peuple souverain est la loi ; la loi est ce qu'il veut.

Cependant le proverbe : *Ce que veut le peuple Dieu le veut*, n'est pas toujours *exact*.

Il le serait si le peuple ne consultait jamais que sa conscience, que les lumières de son bon sens, et s'il se déterminait toujours dans le calme du cœur.

Mais souvent l'ignorance, les passions, l'entraînement de guides trompeurs lui font vouloir l'injustice et son propre mal : or, Dieu ne veut jamais l'injustice ni le mal des hommes.

Le peuple ne doit vouloir que des lois *justes* et *utiles ;* elles ne sont utiles et justes qu'à la condition de répondre à de *légitimes* besoins.

Toute autre loi est mauvaise. Le peuple *peut la vouloir*, mais il n'en a pas le *droit*.

Et s'il l'a voulue, bientôt il ne la veut plus ;

car les conséquences d'une mauvaise loi ne tardent pas à se révéler dans le malheur du peuple, qui se hâte de détruire cette œuvre de son ignorance et de sa passion.

§ 4.

Des flatteurs du peuple.

Le peuple souverain a ses flatteurs ; quel souverain n'en a pas ?

Comme tous les flatteurs, ceux du peuple lui disent qu'il *sait tout et peut tout*, que son intelligence est *infaillible* et sa volonté toujours *sainte*.

Le langage de la flatterie perd les peuples comme les rois.

La seule volonté de Dieu est toujours sainte, parce que seule elle est guidée par une raison parfaite.

Ses lois seules sont immuables, parce que seul il peut les faire conformes à la justice et à la vérité pures.

Le devoir du peuple est de s'efforcer d'éclairer de plus en plus sa raison et d'épurer sa volonté, pour que les lois qu'il porte s'éloignent le moins possible de leur type éternel.

CHAPITRE XII.

Différentes sortes de pouvoir.

La souveraineté du peuple renferme tous les pouvoirs.

Ces pouvoirs sont au nombre de *trois* principaux :

Celui de faire des lois, *pouvoir législatif;*

Celui de les appliquer, *pouvoir judiciaire*

Celui de les faire exécuter, *pouvoir exécutif,* ou *administratif.*

§ 1er.

Du pouvoir législatif.

Le pouvoir législatif est le véritable pouvoir souverain. Il ne peut appartenir qu'au peuple, dont la volonté seule fait les lois légitimes.

Les usurpations du despotisme et de l'aristocratie lui ont souvent ravi son *pouvoir;* mais elles n'ont pu lui enlever son *droit.*

Le peuple fait les lois par *lui-même* ou par des *mandataires.*

Dans les Sociétés peu nombreuses, où tous

les citoyens se connaissent, où ils peuvent aisément se réunir et s'entendre, il est possible que la masse du peuple participe à la confection des lois.

Mais dans les Sociétés nombreuses, où les citoyens ne peuvent se réunir ni connaître les besoins de toutes les parties, de tous les éléments d'un grand état, l'établissement des lois en commun est impossible.

Ne pouvant faire les lois *directement*, le peuple les fait faire par ses *représentants*.

Quelquefois les mandataires du peuple sont investis du pouvoir législatif tout entier. Le peuple leur donne le droit, non-seulement de discuter et de rédiger les articles des lois, mais encore celui de les porter définitivement.

D'autres fois leur mission se borne à la préparation des lois que le peuple se réserve le droit de ratifier ou de refuser après examen.

Le premier mode est le plus simple, le moins dangereux pour l'ordre : c'est aussi le plus généralement établi.

§ 2.

Du pouvoir judiciaire.

Le pouvoir judiciaire est chargé d'*appliquer* la loi aux contestations entre les citoyens, aux crimes et délits qu'elle prévoit et qu'elle réprime.

Le pouvoir judiciaire n'a pas le droit d'interpréter et d'expliquer les lois à sa manière, pas plus que celui de les modifier, de les changer ou d'en porter de nouvelles.

Le juge ne peut que se pénétrer du véritable sens de la loi, afin de l'appliquer ensuite exactement.

Dans les procés civils, comme dans les causes criminelles, ce n'est pas le juge qui décide, mais la loi ; il ne déclare pas ce *qu'il veut*, mais ce que *veut la loi*, c'est-à-dire le peuple souverain qui l'a portée.

Voilà pourquoi la justice se rend au NOM DU PEUPLE, partout où le peuple est reconnu pour souverain.

Dans les petits états, tous les citoyens peuvent être juges ; ils ne le peuvent pas dans les grands états, où la masse, ignorant les lois, serait incapable de les appliquer.

Alors on établit pour *juges* des citoyens qui, ayant fait une étude spéciale des lois, reçoivent du peuple la charge de juger pour lui.

Cependant le pouvoir des juges ne s'étend pas au-delà des causes *civiles*. Dans les causes *criminelles*, c'est-à-dire lorsqu'il s'agit de délits ou de crimes contre les propriétés et les personnes, les jugements sont rendus par un *jury*.

§ 5.

Du jury.

Le jury est le jugement d'un accusé par ses *pairs*.

C'est une assemblée de *citoyens*, réunis momentanément par le sort, pour juger des crimes ou des délits imputés à d'autres citoyens.

Le jury ne prononce que sur le *fait* du crime et sur le *degré de culpabilité* de l'accusé; mais il n'applique pas la loi.

C'est aux juges ordinaires à prononcer, la

loi sous les yeux, quelle peine elle décerne contre celui que le jury a reconnu *coupable*.

Tout citoyen peut être appelé comme juré.

Les devoirs du juré empruntent leur caractère de la solennité et de la gravité de la justice.

C'est une chose grave et solennelle que d'avoir à prononcer sur la *liberté*, l'*honneur* et quelquefois la *vie* d'un de ses semblables.

D'une part, la justice et l'intérêt social veulent le *châtiment* du coupable.

D'autre part, l'humanité et la pitié sollicitent l'*indulgence*.

Mais l'indulgence serait une *faiblesse*, comme l'excès de sévérité une *cruauté*.

Juger sans haine et sans crainte, sans faiblesse comme sans rigueur, ne consultant que sa conscience, après l'avoir suffisamment éclairée; tels sont, en somme, tous les devoirs du juré.

§ 4.

Du pouvoir exécutif.

Le pouvoir exécutif est chargé de faire

exécuter les lois, de veiller à la sécurité publique, d'administrer les affaires de l'État, dans ses rapports avec les citoyens, comme dans ses relations avec les États étrangers.

Il ne fait pas les lois, mais seulement des règlements et des ordonnances pour en assurer l'*exécution*.

Dans les plus petits États mêmes, le peuple en corps ne saurait se charger d'administrer : aussi le pouvoir exécutif est-il, chez tous les peuples, exercé par délégation.

Le pouvoir exécutif prend le nom de *gouvernement*.

La forme du gouvernement varie selon le nombre de ceux qui sont placés à sa tête, selon l'étendue et les conditions de leur autorité.

Le gouvernement d'un seul s'appelle : *monarchie*.

Le gouvernement de plusieurs : *république*.

CHAPITRE XIII.

De la monarchie.

La monarchie est *despotique* ou *tempérée*.

Dans la monarchie *despotique*, tous les pouvoirs et tous les droits sont réunis dans la main du *monarque*; sa volonté ou son caprice fait les lois, ses ministres les exécutent, la justice se rend en son nom, les impôts se règlent et se dépensent à son gré; la nation entière, hommes et choses, semble être la propriété d'un seul homme.

La monarchie *tempérée* est ainsi appelée parce que le pouvoir y est limité par des *lois*, des *priviléges* ou des *corporations* que la volonté du monarque est obligée de respecter.

Telle était la monarchie en France avant la première révolution.

Mais comme, dans ces monarchies, les lois sont obscures et contradictoires, les priviléges contestables et les corporations fragiles, le monarque devient souvent absolu, entraînant tout par *sa volonté ou son caprice*.

Quand la monarchie est tempérée par des

Institutions fondamentales, *une charte, une constitution* acceptée et jurée par le monarque et la nation, le gouvernement prend le nom de *constitutionnel.*

Dans les gouvernements constitutionnels, le pouvoir exécutif et administratif appartient au monarque seul.

Le pouvoir législatif s'y partage en trois éléments :

L'un représentant le pouvoir du *peuple* dans une Chambre de *députés;*

L'autre représentant, dans une Chambre des *pairs* ou un *Sénat*, le pouvoir *aristocratique*, si la nation renferme une aristocratie; ou représentant seulement l'*expérience* et la *maturité*, s'il n'y a point d'aristocratie dans la nation;

Enfin le pouvoir de la *royauté*, qui a sa part dans le droit de faire les lois.

L'accord de ces trois éléments est nécessaire pour qu'une loi puisse être établie.

Tel était le gouvernement en France dans les trente dernières années.

CHAPITRE XIV.

De la République.

La République est *aristocratique* ou *démocratique*.

Dans la République aristocratique, le pouvoir de faire les lois et d'administrer les affaires est attribué à un certain nombre d'hommes ou de familles privilégiées par la naissance ou la fortune, et qui sont *tout* dans l'état, tandis que le peuple ou la masse n'y est *rien*.

Dans les Républiques démocratiques, au contraire, le peuple est *tout*, parce que *tout* y est peuple.

Personne n'est au-dessus ni au-dessous du peuple; il n'y a plus de classes distinctes, plus de maîtres ni de sujets; on n'y compte que des citoyens, tous égaux en droits, tous également obligés de se soumettre aux lois.

Les pouvoirs sont tous dans la main du peuple.

C'est lui qui fait les lois ou qui les fait faire par ses représentants.

S'il paie des impôts, c'est pour lui qu'il les paie, c'est par sa volonté qu'ils sont établis et dépensés.

L'administration, la justice, l'instruction, la guerre, les finances, toutes les fonctions publiques relèvent du peuple, tous les avantages sociaux en émanent ; tout, en un mot, vient du peuple et s'y rapporte.

Sous cette forme de gouvernement, tout se développe et se perfectionne ; la vie circule abondante et rapide dans toutes les parties du corps social ; aucun talent n'est enfoui, aucun travail stérile, aucun service perdu.

Tous les droits sont assurés, tous les devoirs faciles : l'intelligence s'élève, le cœur s'épure, les caractères s'ennoblissent ; l'âme du peuple s'épanouit heureuse et fière au soleil de la liberté.

La République est donc le plus parfait des gouvernements.

Les nations les plus éclairées et les plus illustres de l'antiquité ont vécu sous cette forme.

C'est elle que se donnent tous les peuples libres; c'est à elle qu'aspirent tous ceux que la main de Dieu conduit dans la voie du progrès.

C'est sous cette forme que se rangeront un jour les différentes fractions de l'humanité, pour ne plus composer qu'une grande famille de frères.

Il n'est qu'un seul moyen de hâter cet heureux moment : c'est que la République se fasse aimer par la sagesse de ses institutions, par la concorde entre ses membres, par la plus beau spectacle qu'elle puisse présenter, le tableau de la prospérité publique.

Rien n'est contagieux comme l'exemple. Une République puissante et heureuse a nécessairement des imitateurs. Si elle tombe dans la licence, le désordre et l'anarchie, elle ne produit que l'effroi et ne recueille que l'aversion.

Ainsi, les plus pures institutions sont victimes des passions qui les déshonorent. La cause de la vérité, de la justice et de la liberté, c'est-à-dire la sainte cause de l'humanité se perd par les excès où la poussent les esprits faux et les caractères violents.

N'oublions pas que l'essence de la véritable République, c'est la modération dans la force, la liberté dans l'ordre, le progrès dans la sécurité.

Elle ne peut s'établir et durer qu'à ces conditions; mais à ces conditions, elle aura bientôt rangé le monde entier sous la bannière de la *liberté*, de l'*égalité*, de la *fraternité*.

CHAPITRE XV.

Des élections.

Parmi les droits du citoyen, le plus important et le plus précieux est le droit *électoral*.

Il appartient à *tous*, et il est le *même* chez tous, puisque les droits et les devoirs de tous les citoyens sont égaux.

Vouloir en faire le privilège de quelques-uns, ou le restreindre dans ses objets, c'est violer l'égalité et la justice, c'est tomber dans l'arbitraire.

Mais plus ce droit est important, plus les

citoyens doivent mettre d'empressement et de conscience à l'exercer.

La conscience impose trois conditions au droit électoral.

Il doit être exercé avec *intelligence*, avec *indépendance*, et sans autre but que le *bien public*.

Elire un citoyen que l'on ne connaît pas, ou pour une fonction à laquelle on ignore s'il est apte, c'est agir en aveugle et s'exposer à choisir un incapable.

La conscience défend à l'homme d'exercer son droit quand il ne sait ce qu'il fait.

Son devoir alors est de s'abstenir jusqu'à ce qu'il se soit éclairé par lui-même ou par le témoignage d'hommes qui méritent sa confiance.

Il n'y a pas de droit sans *indépendance*.

L'homme que la menace effraie, que les dons ou les promesses ont corrompu n'est plus libre ; c'est un instrument, ce n'est plus un citoyen. Il a perdu ses droits en aliénant son indépendance.

Quiconque vend son suffrage vend sa conscience.

Quiconque cède à d'autres influences qu'à celle du bien public commet une lâcheté.

L'un et l'autre trahissent leur devoir et leur pays.

L'intérêt de la patrie; tel est le but unique du droit électoral. Devant ce but sacré, toute considération d'intérêt particulier, d'amitié, de parenté, doit disparaître.

Ce n'est pas pour lui, mais pour elle que la patrie reconnaît à chacun de ses enfants le droit de distribuer les fonctions publiques.

De bons choix font sa gloire et assurent sa prospérité; de mauvais choix la déshonorent et préparent sa perte.

C'est faire de bons choix que de donner ses suffrages à des hommes d'*intelligence* et de *cœur.*

L'intelligence n'est pas le *génie;* c'est la *droite raison,* plus rare qu'on ne pense, et quelquefois plus utile que le génie.

Un homme de cœur est un homme de fermeté et de dévouement.

C'est abuser du droit d'élire, que de choisir des hommes sans capacité, sans générosité et sans caractère.

On connaît les hommes de mérite par leurs œuvres, par leur réputation établie sur une vie de travail et d'honneur.

L'intrigue et la calomnie trompent souvent la bonne foi publique; elles grandissent ce qui est petit, elles rapetissent ce qui est grand. Il faut juger les hommes par ce qu'ils ont fait; les paroles mentent, les actes non.

Toutes les fonctions publiques n'ayant pas la même importance, les mêmes difficultés, n'exigent pas le même degré de mérite dans ceux qui se destinent à les remplir.

L'administration d'une petite commune est plus simple que celle d'une grande cité.

Les intérêts d'un département sont plus étendus et plus compliqués que ceux d'un humble village.

Et tel qui se montre habile dans une position modeste, serait mal à la tête de l'Etat.

Il faut choisir, pour les différentes fonctions, des capacités en proportion avec le fardeau qu'on leur impose.

Les fonctions les plus hautes, les plus importantes pour la Société, les plus difficiles à remplir, sont celles de *législateur;* et la plus grave mission du législateur est d'établir une *constitution.*

La constitution est la base d'une Société; c'est sur elle que doivent s'asseoir tous les droits, tous les intérêts, toutes les lois du pays; c'est d'elle que dépendent les destinées de la patrie.

Organiser les éléments si multiples et si divers de la Société ; les harmoniser si bien que chacun soit à la place qui lui convient le mieux ; combiner le progrès de la liberté avec la stabilité de l'ordre, la réforme de ce qui est mal avec la conservation de ce qui est bien, les droits sacrés de l'intelligence et du travail avec ceux de la propriété ; faire entrer les conquêtes de la révolution nouvelle dans l'ancien édifice social sans le bouleverser de fond en comble ; s'inspirer enfin de l'esprit nouveau sans manquer de respect au passé; quelle tâche imposante et redoutable !

Cette tâche pèsera sur les hommes que le choix de leurs concitoyens doit en charger ; mais elle pèse d'abord sur ceux qui vont les élire.

La constitution sera ce que la feront les représentants du peuple.

Et ceux-ci la feront à leur image ; libérale, généreuse et forte , ou étroite, mesquine et chancelante, selon la mesure de leur intelligence et de leur cœur.

C'est donc du choix des électeurs que dépend l'avenir de la France.

CHAPITRE XVI.

De la patrie.

La patrie et notre MÈRE : ce titre sacré dit tout ce qu'elle est pour nous, tout ce que nous devons être pour elle.

Pour nous la patrie est *tout :* c'est notre sol et notre ciel; ce sont nos parents et nos enfants, nos amis et nos concitoyens, nos institutions et nos croyances; c'est notre fortune, notre honneur, notre passé et notre avenir.

Tout ce qu'il a d'intelligence et de force, tout ce que son cœur peut renfermer de reconnaissance et d'amour, de respect et de dévouement , l'homme doit le consacrer au service de sa patrie,

Le dévouement à la patrie n'a point de bornes : il ne s'arrête pas même devant le sacrifice de la vie,

Mais il n'y a de patrie que pour le citoyen, et il n'y a de citoyen que l'homme libre. L'esclave a des fers, il n'a point de patrie; ce qu'il appelle *patrie* est la propriété de ceux qui l'oppriment. L'esclave n'y est rien et n'y doit rien.

Toute patrie est belle aux yeux de ses enfants : tout sacrifice est doux pour sa noble et sainte cause.

Mais si, au titre d'être notre mère, la patrie joint l'avantage d'être belle, puissante et glorieuse entre toutes; de pouvoir s'enorgueillir de la fécondité de son sol, de la variété et de la douceur de son climat, d'une position qui lui permet de commander à la terre et à la mer, de se rattacher les nations voisines et de les entraîner dans son orbite; si elle a reçu pour mission de marcher en tête de la civilisation; si chaque pas qu'elle fait est une conquête de l'esprit humain; si ses révolutions mêmes tournent au profit du monde; si enfin cette patrie est la *France*, et la *France républicaine ;* quel enthousiasme ne doit-elle pas exciter dans le cœur de ses enfants, et quel dévouement ne doit-elle pas en attendre!

Mais le plus beau des titres est aussi le plus difficile à porter.

Si nous sommes justement fiers d'être citoyens français, sachons  nous montrer *dignes de l'être.*

FIN.

Besançon, imprimerie de Saint-Agathe.

D. D'AUSSY

LA POLITIQUE

AU VILLAGE

SCÈNES RURALES

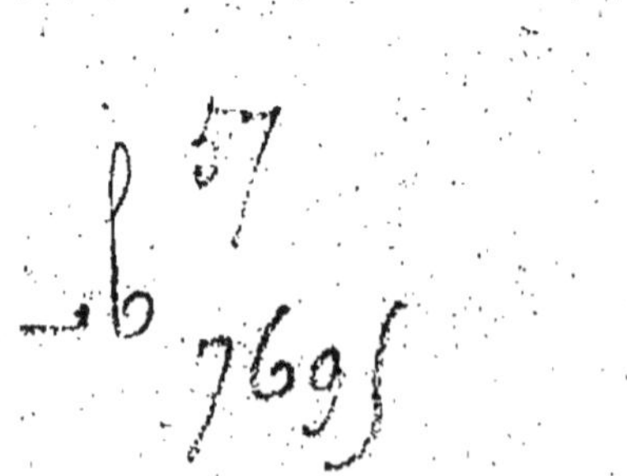

SAINTES

IMPRIMERIE P. ORLIAGUET, QUAI DES RÉCOLLETS

1880

I

OUVRIER ET PAYSAN

(Sur le grand chemin)

Un Ouvrier. — Hé ! l'ami ! y a-t-il encore loin d'ici au plus prochain village ?

Un Paysan. — Encore quelques kilomètres. Au haut de la côte on aperçoit le clocher. Si vous voulez nous ferons route ensemble, en causant le temps paraît moins long.

L'Ouvrier. — Volontiers. Vous avancez d'un bon pas, vous, vous n'avez pas comme moi, votre fortune sur le dos et dans les jambes deux journées de marche.

Le Paysan. — Vous venez de loin, sans doute ?

L'Ouvrier. — De Bordeaux. Je suis ouvrier forgeron et je viens voir par ici si je trouverai à m'occuper. Connaissez-vous, dans les environs, quelque gros atelier qui ait besoin d'un contre-maître ?

Le Paysan. — Ma foi, je ne saurais trop vous le dire, mais ce qui est sûr, c'est qu'il y a une bonne place à prendre au chef-lieu de notre canton, pour un ouvrier de votre état. Le père Raffin vient de mourir et il laisse une fameuse clientèle.

L'Ouvrier. — Vous imaginez-vous que j'ai travaillé vingt ans à Paris pour aller forger des socs de charrue dans un village ? Votre père Raffin payait-il ses ouvriers cinq et six francs par jour ?

Le Paysan. — Cinq francs par jour ! cela doit faire par an dix-huit cents francs, autant qu'un juge !

L'Ouvrier. — Eh bien ! croyez-vous que je les gagne les bras croisés et, ainsi que lui, assis sur une chaise ?

Le Paysan. — A ce compte, vous devez être à la tête de vos affaires.

L'Ouvrier. — Vous croyez cela, vous, vous supposez, sans doute, que l'on vit de l'air du temps ?

Le Paysan. — Non pas, mais, moi qui vous parle, je n'ai guère dépassé, dans les bonnes années, les deux tiers de votre gain annuel, et cependant, j'ai élevé ma famille, arrondi mon petit bien, et, si le malheur n'était pas sur les vignes, chacun de mes enfants aurait au moins le double de ce que m'a laissé mon père.

L'Ouvrier. — Oui, et pour arriver à ce beau résultat vous avez vécu de pain noir et de pommes de terre, vous vous êtes serré le ventre toute votre vie.

Le Paysan. — Il est vrai que, souvent quand il était cher, nous avons vendu le vin et bu de la piquette, mais j'aurai 52 ans, vienne la Saint Barnabé, et vous voyez que je les porte assez bien ; une bonne rôtie le matin, la soupe à midi et le soir un morceau de fromage, avec cela on vit cent ans. Et vous ? vous ne paraissez guère mon aîné ?

L'Ouvrier. — Je suis votre cadet de dix ans, mais le travailleur s'use vite.

Le Paysan. — Avec cela que nous ne connaissons pas nous aussi la misère ! il fait chaud quelquefois dans votre forge, mais pas tant qu'au mois de juillet, en plein champ, à couper du blé.

L'Ouvrier. — Comme vous le dites nous sommes tous voués à la misère, mais patience... notre tour viendra, et quand la république... je ne devrais pas parler ainsi dans ce pays où vous êtes tous des badinguets.

Le Paysan. — Si vous voulez dire par là que nous regrettons le défunt Empereur, vous avez raison. Mais la république n'a rien à nous reprocher. Nous payons exactement nos impôts, nos enfants sont à son service. Ce n'est pas notre faute si ses partisans ne nous inspirent pas confiance ; nous avons nos hommes.

L'Ouvrier. — Je ne vous parle pas de la république que nous avons, mais de celle que nous aurons, de celle qui fera cesser la misère et nous rendra tous véritablement égaux. Tenez, voyez là-bas ce château... à qui appartient-il ? à quelque noble sans doute ?

Le Paysan. — Ça, c'est Fonsèche, une fameuse propriété, elle est à M. Cornet, un ancien négociant.

L'Ouvrier. — N'importe, c'est toujours un bourgeois. Pourquoi cet homme vit-il là, tandis que vous habitez une masure et que je n'ai, moi, ni feu ni lieu ?

Le Paysan. — Ah ça, êtes-vous de ceux qui veulent le partage des biens ?

L'Ouvrier. — Le partage des biens ?...
C'est une vieille rengaine ; au bout de
dix ans il y aurait, comme avant, des
pauvres et des riches. Non, je suis collectiviste.

Le Paysan. — Comment ?...

L'Ouvrier. — Collectiviste. L'usine à
l'ouvrier, la terre au paysan. La Commune souveraine ; plus de propriétaires,
de maîtres et de patrons. Le travail en
commun et les produits partagés suivant
les besoins : plus de pauvres ni de riches,
chacun sa part au soleil.

Le Paysan. — Plaisantez-vous, ou par-
lez-vous sérieusement ?...

L'Ouvrier — Si je plaisante ? Allez le
demander à ceux qui ont vu, en 1871,
tomber 15,000 de leurs frères pour défendre ces idées ?

Le Paysan. — Mais ceux-là étaient des
communards !

L'Ouvrier. — Appelez-les comme vous
le voudrez. Ce qu'ils voulaient, ce que
nous voulons tous, c'est l'émancipation
du travailleur, l'avènement des déshéri-
tés de la société, nous y arriverons par
la Commune.

Le Paysan. — Ainsi, dans votre république, toutes les terres seraient à la commune, il n'y aurait qu'elle de propriétaire et nous serions tous, nous qui l'ha-
bitons, ses ouvriers. Mais qui fera marcher la machine ?

L'Ouvrier. — N'avez-vous pas l'administration ? Le Maire, le Conseil municipal ?

Le Paysan. — Chez nous, le Maire est
un boulanger, et les conseillers municipaux s'entendent à peu près à la culture

comme moi à manœuvrer votre marteau.

L'Ouvrier. — Le choix vous appartient, c'est à vous de le faire bon.

Le Paysan. — Vous en parlez à votre aise. Il faudrait pour cela qu'il n'y eût dans la commune ni ambitieux, ni vauriens pour les soutenir.

Mais ces administrateurs, comme vous les appelez, ceux qui feront travailler les autres et partageront les récoltes ; il faudra que la commune les fasse vivre ?

L'Ouvrier. — Certainement.

Le Paysan. — Et aussi, l'instituteur, le garde champêtre, le curé.....

L'Ouvrier. — Pas de curé... nous n'en voulons plus.

Le Paysan. — Mais ceux qui en voudraient ? et puis quand tout ce monde aurait eu sa part, les autres partageraient le reste également : Le fainéant comme le bon travailleur, le jeune comme le vieux, le fort comme le faible... tenez, votre commune ne me paraît pas seulement impossible, elle est contre le bon sens et la justice.

L'Ouvrier. — Vous êtes trop ignorant pour comprendre cela. Les hommes de science l'ont décidé, et cela sera.

Le Paysan. — Cela sera... si nous voulons.

L'Ouvrier. — Prétendriez-vous défendre votre champ à coup de fusil ?

Le Paysan. — Non pas, à Dieu ne plaise, on n'aura pas besoin de fusil ; un morceau de papier suffira bien pour casser bras et jambes à votre république. Rappelez-vous le scrutin de 1871, quand vos républicains, avec leur guerre à outrance, voulaient faire tuer jusqu'au dernier de nos enfants, ce sera la même chose s'ils font la guerre à nos propriétés.

L'Ouvrier. — C'est ce que nous verrons !

II

LA VEILLÉE

L'INSTITUTEUR (*entrant*).— Salut à tous !
Voilà un rude froid, douze degrés centigrades ! il fait meilleur chez vous que
dans la rue, père Deschamps.

DESCHAMPS. — Approchez-vous du feu,
monsieur l'instituteur. Pierre, passe une
javelle.

L'INSTITUTEUR. — Ne vous dérangez
pas. Donnez-moi seulement place auprès
de la lampe, j'ai quelque chose à vous
lire. Mais vous causiez avant mon arrivée, continuez, je vous prie, que je ne
vous interrompe pas.

GRANDCOLAS. — Dame, monsieur l'instituteur, nous causions de la mauvaise
saison, de la maladie des vignes, du prix
des bœufs et des denrées, et maître Deschamps nous rappelait le temps où nous
veillions autour de sa chaudière en mangeant des marrons et en buvant un coup
de vin blanc.

DESCHAMPS.— Alors les affaires allaient
mieux qu'aujourd'hui !...

L'Instituteur. — C'est bien possible, mais que voulez-vous y faire ? Vous n'êtes pas de ceux qui rendent le gouvernement responsable de tout, même des mauvaises récoltes et des ravages du Phylloxera ?

Deschamps. — Nous ne sommes pas assez simples pour cela. Mais puisque vous parlez du gouvernement et du Phylloxera, pourquoi donc n'a-t-on pas écouté nos députés quand ils demandaient pour nos vignes malades une diminution de l'impôt ?

L'Instituteur. — C'est que vos députés ne sont pas les amis du gouvernement.

Deschamps. — Il me semble que le gouvernement est comme un juge, qui doit la justice égale à tout le monde. Que diriez-vous du juge qui donnerait raison à ses amis et refuserait d'entendre ceux qu'il n'aime pas ?

L'Instituteur. — Votre comparaison manque de justesse. C'est une faveur que vous demandez.

Deschamps. — Une faveur ? Pas du tout. Quand un journal de vigne me produisait 200 fr. je payais 5 fr. d'impôts, j'en aurais aussi bien payé 10, j'avais toujours 190 fr. de reste. Mais aujourd'hui mon terrain est en friche, je paie toujours 5 fr. où les prendre ?

L'Instituteur. — Allons, allons, vous n'êtes pas si embarrassé que vous le dites. Vous avez du vieux gagné ; et puis ce n'est qu'un mauvais moment à passer vous replanterez vos vignes.

Deschamps. — Dieu vous entende ! mais pendant ce temps-là, le vieux gagné, comme vous l'appelez, ne durera pas toujours et on ne replante pas pour rien dix journaux de vignes. Qu'en dites-vous, vous autres ?

Voix nombreuses. — Vous avez raison, maître Deschamps !

L'Instituteur. — Soyez sûr que le gouvernement de la république viendra à votre aide, laissez-lui le temps de s'asseoir, de se fortifier...

Deschamps. — Eh ! mon Dieu ! elle est donc d'un tempérament bien faible votre république ? Je crains bien qu'elle ne s'en aille avant de s'être assise.

L'Instituteur. — S'en aller ? c'est impossible, c'est le seul gouvernement qui puisse nous convenir et nous assurer le progrès. Ecoutez plutôt (*lisant*) : « Nul gouvernement en France, n'atteindrait à la hauteur que la république doit atteindre, parce qu'elle réalise l'idéal de la démocratie, qui, arrivée à son épanouissement, se possède elle-même, et règle dans la liberté, dans l'ordre et dans la paix, le cours majestueux de ses destinées ! » (1)

Grandcolas. — Voilà qui est bien dit !

L'Instituteur. — N'est-ce pas ?... Et vous, maître Deschamps, qu'en pensez-vous ?

Deschamps. — A vous parler franc, je n'entends guère ces grands mots. Je ne suis pas comme le voisin Grandcolas, qui, moins il comprend, plus il admire. Cela veut dire, sans doute, que le meil-

---

(1) La modestie de l'auteur l'oblige à déclarer que cette belle période est l'exorde d'un discours prononcé dans une réunion du centre gauche par M. Paul Bethmont.

leur gouvernement est celui de la république ?

L'Instituteur. — Précisément, c'est cela même.

Deschamps. — Eh ! bien ! n'en déplaise aux beaux parleurs, je juge, moi, l'arbre d'après ses fruits et un gouvernement d'après les avantages qu'il procure. Si vous savez quel bienfait nous a apporté la république faites-le nous connaître.

L'Instituteur. — N'est-ce donc rien de ne plus avoir de maître, de se gouverner librement par ses mandataires ?

Deschamps — Je n'ai jamais eu de maître, Monsieur l'Instituteur, si ce n'est le bon Dieu, qui tient dans ses mains notre vie et nos biens. Sous tous les gouvernements, il y a une autorité pour faire respecter la loi et les droits de chacun ; la plus près de nous est celle du maire. Celui-là, nous le choisissons nous-mêmes, il est vrai dans nos campagnes, mais quand il ne convient pas, vous savez s'il est lestement mis de côté ; au-dessus du maire je vois toujours le préfet, au-dessus du préfet le ministre, et encore au-dessus de ce dernier le chef du gouvernement qui l'a choisi. Ce chef s'appelle aujourd'hui président, il s'appelait autrefois Empereur, il n'y a là rien de changé que les hommes et, sans vous offenser, sous ce rapport nous n'avons pas gagné. Quant aux libertés que m'a données la république, je n'ai même plus aujourd'hui celle de m'imposer sur mon propre bien, après avoir été vingt-cinq ans conseiller municipal.

L'Instituteur. — Vous n'ignorez pas que ce sont vos opinions politiques qui vous ont fait échouer aux dernières élections.

Deschamps. — Vous voulez dire qu'on ne m'a pas trouvé assez bon républicain. Mais quatre millions de Français pensent comme moi sur la république, et ces quatre millions là ne pourront pas toujours être éloignés des affaires ; il faudra bien tôt ou tard qu'on leur fasse place.

L'Instituteur. — Enfin le choix du chef de l'Etat n'est plus livré au hasard comme dans une monarchie ou un Empire héréditaire ; il est fait par les Chambres et vous conviendrez que c'est une grande garantie pour nous.

Deschamps. — Si nous choisissions nous-mêmes le président de la république je ne saurais trop qu'en dire, mais ces messieurs des Chambres ont leur idée et en font à leur tête, sans beaucoup se soucier de ce que nous en pensons. On avait M. Thiers qu'on disait très bon, on l'a remercié ; on avait le maréchal de Mac-Mahon, un brave soldat, on l'a obligé à s'en aller ; nous avons à présent M. Grévy, un honnête homme, à ce qu'il paraît, mais si demain on nous donne comme il en est question, M Gambetta, faudra-t-il toujours trouver le choix excellent ?

L'Instituteur. —Gambetta est un grand citoyen.

Deschamps. — Oui, certes. Allez demander ce qu'ils en pensent aux mobiles de 1870. Vous dites que c'est un malheur que le fils succède à son père dans le gouvernement, là-dessus je ne suis pas encore de votre avis. Croyez-vous que ma propriété serait mieux cultivée par un fermier que par moi-même ? Un fermier aura toujours devant les yeux le terme de son bail ; il cherchera à réaliser les plus gros bénéfices et peu lui importe d'*étirer* les terres. Quand je travaille sur mon bien, c'est comme on dit, en bon père de famille, je réserve des ressources à mes enfants, et je ne sépare jamais leur intérêt du mien. Si j'étais empereur ou roi je ne raisonnerais pas autrement, et plus je rendrais les gens aisés et heureux plus je serais sûr de laisser à mon fils un héritage paisible.

L'Instituteur. — Oui, mais les empereurs et les rois ne raisonnent pas de la sorte ils font tout par ambition.

Deschamps. — Ce ne sont donc pas des hommes comme les autres ? Pourtant si les républiques sont si avantageuses pourquoi n'en voit-on pas établir chez les autres peuples ?

L'Instituteur. — Parce que ces peuples sont moins avancés, moins civilisés que nous, mais ils y viendront comme nous.

Deschamps. — Et pensez-vous que les rois, les empereurs et les autres souverains, qu'on voudrait renverser, nous voient d'un bon œil soutenir les idées de république ?

L'Instituteur. — Qu'est-ce que cela nous fait ? Bien hardi qui viendrait nous attaquer.

Deschamps. — On disait la même chose quand les Prussiens nous ont fait la guerre en 1870, ce qui n'a pas empêché qu'ils ne nous aient battus et pris l'Alsace et la Lorraine. Ils étaient seuls alors. Quand les autres feront cause commune avec eux, est-ce que ce seront vos avocats qui se lèveront pour nous défendre ? Ils enverront nos enfants à la boucherie, et, pendant ce temps-là, les communards achèveront de brûler Paris.

L'Instituteur. — Bah ! bah ! vous avez des idées trop noires. Il n'est point question de guerre. Personne ne songe à la faire.

Deschamps. — Cela peut arriver dans dix ans comme demain, chacun le sent bien et voilà pourquoi les affaires ne reprennent pas. Mais si nous n'avons pas en ce moment à craindre la guerre étrangère, vous conviendrez que les communards sont plus menaçants que jamais.

L'Instituteur. — Les communards?... il n'y en a plus !

Deschamps. — Tenez, monsieur l'instituteur, il n'est pire sourd que celui qui ne veut point entendre. Vous êtes bien plus savant que moi, vous lisez les journaux et vous êtes au courant de tout ce qui se passe, mais, avec mon gros bon sens, on me fera jamais prendre des vessies pour des lanternes... laissons-là votre journal et faisons une partie de piquet.

III

ENTRE RÉPUBLICAINS

*(Le notaire et le docteur font les cent pas
sur la place du village.)*

Le Notaire. — Oui, docteur, je suis républicain, mais je ne comprends pas la
république sans la liberté.

Le Docteur. — Vous en êtes toujours
à la république conservatrice, à MM.
Thiers et Dufaure.

Le Notaire. — Ces hommes, en effet, m'inspiraient une entière confiance.
Eux seuls avaient assez d'autorité pour
faire passer dans nos mœurs, qui, il faut
le reconnaître, y sont absolument rebel-
les, les idées républicaines.

Le Docteur. — Est-ce que vous prenez
ces gens-là pour des républicains ? ils
étaient partisans de leur pouvoir voilà
tout. Ils nous trainaient dans l'ornière
du gouvernement parlementaire et se
montraient hostiles à toute idée de progrès.

Le Notaire. — Voyons, docteur, sérieusement, croyez-vous que nous avan-
cions beaucoup dans la voie du progrès ?

Partout, nous voyons les anciennes lois de l'Empire, que nous condamnions dans le temps comme contraires à la liberté, appliquées avec la plus extrême rigueur. Et ces arrêtés de police, inconnus aux régimes précédents, et par lesquels certains maires entravent la liberté du culte et celle de l'enseignement? Notez que ces maires-là, sont surtout ceux dont le gouvernement s'est réservé le choix.

Le Docteur. — Il serait à désirer qu'il les choisit partout.

Le Notaire. — Mais cependant, sous l'Empire, je vous ai entendu critiquer la loi qui faisait du maire un fonctionnaire, subordonnant ses devoirs municipaux à l'autorité de l'Etat.

Le Docteur. — L'expérience a modifié mes idées. Je ne comprends pas, par exemple, que dans un gouvernement républicain, on puisse voir à la tête d'une commune un maire comme le nôtre, qui ne prend aucun souci de déguiser son aversion pour l'état de choses actuel.

Le Notaire. — Il ne partage pas nos idées c'est certain, mais pouvez-vous lui adresser quelque reproche au point de vue administratif ?

Le Docteur. — Non je sais lui rendre justice ; c'est un homme instruit, intelligent, actif, il ne néglige aucun des intérêts de sa commune.

Le Notaire. — S'est-il mis en rébellion ouverte contre l'administration supérieure.

Le Docteur. — Vraiment! il ne manquerait plus que cela!

Le Notaire. — Eh bien! alors pourquoi lui faire un crime des sentiments qu'il ne songe point à dissimuler, mais qui, après tout, n'influent ni sur son administration ni sur sa soumission à l'autorité du gouvernement ?

Le Docteur. — Parce que nous avons dans le pays trop d'hostilité contre la république, pour qu'à certaines influences, vienne encore s'ajouter celle des fonctions qu'on exerce.

Le Notaire. — Je pourrais partager votre manière de voir, s'il s'agissait de fonctionnaires de l'Etat, mais l'autorité du maire a sa source unique dans la délégation donnée par un conseil élu.

Le Docteur, — Donc, il faut en revenir à notre point de départ et convenir que tous les maires devraient être nommés par le pouvoir central.

Le Notaire — Le pouvoir central ! la délégation reçue du pouvoir central ! quelle singulière théorie dans la bouche d'un républicain !

Dans les pays de liberté républicaine, en Suisse, aux Etats-Unis, on fait tout pour fortifier les libertés locales et éviter de les voir absorber par le pouvoir central. Chez nous c'est tout le contraire ! nous ne comprenons que le système de gouvernement des Jacobins. Un petit groupe d'enragés exerçant un pouvoir sans limites et sans contrôle sur un peuple d'esclaves. Non, ce n'est pas là la république que j'avais rêvée, je voulais un gouvernement ralliant autour de lui toutes les capacités, toutes les honnêtetés ; ouvrant ses rangs à toutes les opinions, supportant la critique, dédaignant l'injure et s'imposant par les bienfaits !

Le Docteur. — Vous rêvez l'impossible : tout gouvernement doit faire respecter son principe, sans cela il est perdu.

Le Notaire. — Et quel est, suivant vous, le principe fondamental de la république ?

Le Docteur. — L'intérêt général du pays.

Le Notaire. — Et quelle atteinte cette opinion que la monarchie est le meilleur gouvernement, porte-t-elle à l'intérêt général du pays ?

Le Docteur. — Elle tend à égarer le peuple en altérant la vérité.

La Notaire. — Docteur, si quelqu'un vous disait : Moi seul possède le secret de guérir, j'ai la science infuse de la médecine, vous lui ririez au nez, n'est-ce pas ?

Le Docteur. — Cet homme-là serait un fou.

Le Notaire. — Assurément, mais ne l'imitez-vous pas en disant : nous seuls républicains, possédons la vérité en matière politique ; vous seriez presque tentés d'ajouter : Hors de nous point de salut.

Le Docteur. — C'est qu'en effet la république est un gouvernement de droit absolu.

Le Notaire. — Oh ! si nous arrivons à ces hauteurs je vous fais ma révérence. Droit absolu, droit divin, c'est tout un. Du moment que vous faites de la république un dogme et que vous dites à la façon de Mahomet, crois ou meurs, je ne suis pas de votre église. Si belle et si parfaite que puisse être une république idéale, je ne la voudrais jamais voir imposée par la force, la terreur et contrairement à la volonté générale.

Le Docteur. — Déclarez-vous donc alors partisan de l'appel au peuple.

Le Notaire. — Ah ! docteur, vous mettez le doigt sur la plaie. En serions-nous encore après dix ans, à nous épuiser en luttes stériles, si nos gouvernants, au lieu de se fier à leur habileté politique, avaient mis le pays en demeure de se prononcer sur la forme de ses institutions ?

Le Docteur. — Mais vous savez bien quel eut été le résultat d'un plébiscite ?

Le Notaire. — Oui, il eut peut-être condamné nos doctrines ; mais qui donc aurait osé élever la voix contre la volonté de la France ?

IV

LES FONCTIONNAIRES

(La place du village un dimanche après l'office. — Groupes d'habitants).

L'Adjoint *(abordant un groupe)*. — Savez-vous la nouvelle ? Le percepteur, M. Ledoux est révoqué.

Le Maire. — Vous voulez dire mis à la retraite, je crois en effet qu'il y avait droit.

L'Adjoint. — Non pas, il est bel et bien révoqué : Je le tiens de lui-même ; il a reçu ce matin la dépêche officielle ; mais le plus curieux c'est que, dès hier soir, au café Mandrin, Lhérissé l'apprenait à qui voulait l'entendre.

Le Maire. — Et quel motif donne-t-on pour expliquer cette mesure ?

L'Adjoint. — Absolument aucun.

L'Instituteur. — Il est évident que, tôt ou tard, ses opinions politiques devaient faire révoquer M. Ledoux.

Le Maire. — Vous connaissez donc les opinions politiques de M. Ledoux, Monsieur l'instituteur ? Dans ce cas, vous êtes plus avancé que je ne le suis moi-même.

L'Instituteur. — M. Ledoux ne faisait

point parade de ses sentiments politiques, mais chacun les connaissait bien.

Le Maire. — Dites-moi quel est votre secret pour connaître les sentiments cachés, les sentiments intimes de quelqu'un ?

L'Instituteur. — Eh ! Monsieur, M. Ledoux n'a-t-il pas été percepteur sous l'Empire ?

Le Maire. — Oui, et même sous la république de 1848, car il avait, je le crois bien, plus de trente ans de service.

L'Instituteur. — Le gouvernement actuel peut-il avoir confiance dans les employés qui ont servi les régimes déchus ?

Le Maire. — Prenez garde, Monsieur l'Instituteur, avec votre système, on irait loin ; tout fonctionnaire ayant plus de dix ans de service devrait être éliminé.

L'Instituteur. — Je ne verrais pas à cela grand mal, cela ferait de la place aux jeunes.

Le Maire. — Après les employés, les militaires, généraux et officiers supérieurs.

L'Instituteur. — L'armée n'en serait peut-être que plus solide.

Le Maire. — Et après l'armée, l'instruction publique ; professeurs et instituteurs, vous-même seriez du nombre, car vous avez au moins douze ou quinze ans de service ; vous devriez, comme vous le dites, faire place aux jeunes.

L'Instituteur. — Ah ! permettez, mes opinions républicaines sont bien connues ; elles ne datent pas d'hier, et je comprends une exception en faveur des partisans du régime actuel, mais uniquement pour ceux qui ne se disent pas républicains en vue de conserver leurs places.

Le Maire. — Y a-t-il longtemps que vous êtes républicain, vous, Monsieur l'Instituteur ?

L'Instituteur. — Monsieur, je n'ai jamais changé d'opinions.

Le Maire. — Vous étiez donc républicain sous l'Empire ?

L'Instituteur. — Assurément.

Le Maire. — Pourquoi, alors, ne vous a-t-on pas révoqué ?

L'Instituteur. — Parce que j'avais grand soin de ne pas manifester mes opinions et que personne n'avait le droit de me demander compte de ma façon de penser.

Le Maire. — Vous avez ; raison la plus abominable tyrannie est celle qui prétend s'exercer sur la conscience. Jamais l'Empire n'a eu recours à de semblables moyens ; il demandait à ses fonctionnaires, autres que ses agents politiques, une simple adhésion apparente et extérieure. Vous en êtes vous-même un exemple. Comment qualifierez-vous donc la mesure qui frappe un honnête homme à la fin de sa carrière, par cette seule raison qu'il est *suspect* de ne pas avoir un enthousiasme ardent pour la forme du gouvernement établi ? Je m'étonne qu'un homme sensé et instruit, comme vous l'êtes, ne se rende pas mieux compte de tout ce qu'un acte semblable a d'odieux.

L'Instituteur. — Monsieur le maire, je n'ai pas approuvé la mesure, j'ai seulement prétendu l'expliquer.

Le Maire. — Mais vos explications

équivalaient à une justification. Croyez-moi, Monsieur, si vous êtes quelque jour instituteur sous un autre régime, ce que, pour ma part, je désire ardemment, ce ne sera pas dans nos rangs que vous rencontrerez des dénonciateurs, et nul ne songera à vous faire un crime des opinions que vous affichez si ouvertement aujourd'hui, mais qu'alors, j'aime à le croire, vous aurez, comme autrefois, la prudence de dissimuler.

V.

UNE SÉANCE DU COMITÉ

*(Une salle à part dans le Café Mandrin. —
Cinq à six individus, à mine rébarbative,
sont assis autour d'une table.)*

Roublard. (*Il regarde à sa montre.*) —
Lhérissé est en retard.

Turpaud. — Nous sommes en majorité, je ne vois pas pourquoi nous l'at-
tendrions pour délibérer.

Roublard. — Je crois l'entendre dans
la salle commune. Ah! le voilà...

Lhérissé (*Entrant*). — Salut, citoyens!..
(*A Roublard*) et toi, vieux frère, cela va
toujours bien ?

Roublard. — Pas mal. Vite aux affaires. Je n'ai que peu de temps à vous donner, on m'attend à quatre heures à Saint-
Claude. Eh bien! Ledoux a son compte ?

Lhérissé. — Il ne l'avait pas volé;
faut voir le nez de nos messieurs: le
maire n'en est pas encore revenu. A
quand son tour à celui-là ?

Roublard. — C'est à vous à nous
fournir une occasion. Soyez tranquille,

cela ne fera pas un pli, il est noté comme bonapartiste, clérical, jésuite...

LHÉRISSÉ. — Eh bien ! alors ?

ROUBLARD. — Malheureusement, cela ne suffit pas ; nous n'avons pas encore de loi pour nous débarrasser des suspects.

LHÉRISSÉ. — Faut en faire une.

ROUBLARD. — Cela viendra, je l'espère. En attendant, montez le coup pour les élections municipales : il faut arriver sept et enlever la mairie.

LHÉRISSÉ. — Sept? et ou les prendre?

ROUBLARD. — Voyons, ici vous êtes déjà six

TURPAUD. — Prétendez-vous faire des conseillers de Jean Sottereau et de Sivoyait ?

SOTTEREAU. — De quoi ?...

SIVOYAIT. — Pourquoi pas ?...

TURPAUD. — Vous ne savez ni lire ni écrire.

SOTTEREAU. — Voilà-t-il pas ! parce qu'il a été commis d'huissier, et qu'il a griffonné sur du papier marqué, il se croit un savantas. Sommes-nous tous égaux, oui ou non ?

ROUBLARD. — Allons, pas de querelles, songez qu'il faut rester unis si nous voulons voir triompher notre république. Quant aux élections municipales, faites deux, cinq, dix listes : mettez-y le plus de noms que vous pourrez, que chacun vote pour soi et ses voisins ; au premier tour, trois ou quatre conseillers passeront ; au second tour, une seule liste et votez en masse ; vous passerez à la majorité relative, les conservateurs ne se dérangent qu'une fois.

LHÉRISSÉ. — Pas mal imaginé.

Roublard. — Tenez-vous prêts aussi pour les élections au Conseil général. Il nous faut Gueulenfour.

Sivoyait. — C'est un ladre !

Sottereau. — Il ne paye pas ses ouvriers.

Turpaud. — Sans compter qu'il circule sur sa conduite des bruits...

Lhérissé. — Ah ! ça ! que voulez-vous dire, vous autres, prétendez-vous en savoir plus long que les chefs ?

Roublard. — Bien parlé, Lhérissé. Il ne s'agit pas que Gueulenfour vous convienne ou ne vous convienne pas, il nous le faut. Et les journaux ? ça circule-t-il ? Vous recevrez sous peu une petite brochure sur Gambetta.

Lhérissé. — Gambetta ! hum !...

Roublard. — Je sais bien que ce n'est pas notre homme, mais actuellement il nous est utile, et il faut le soutenir. Maintenant pour l'épuration, quelles notes avez-vous à me donner ?

Turpaud. — Il y a le débitant de tabac...

Sivoyait. — Le garde champêtre...

Sottereau. — Le cantonnier chef...

Lhérissé. — L'instituteur...

Deux autres. — Le curé...

Roublard. — Ne parlez pas de celui-là : Nous les épurerons en masse. Tu dis, Turpaud, le buraliste ?...

Turpaud. — C'est un badinguet, un ancien soldat de Crimée, il a une jambe de moins et la médaille militaire. J'ai vu dans la ruelle de son lit le portrait du petit Prince.

Roublard. — Bien. Et le garde champêtre ?

Sivoyait. — Un ancien gendarme.

ROUBLARD. — Bon. Le cantonnier ?

SOTTEREAU. — Il a dit, comme ça, qu'il y avait certaines têtes plus dures que les pierres qu'il casse avec sa masse.

ROUBLARD. — De qui voulait-il parler ?

SOTTEREAU.— Je ne sais pas, mais, censément des républicains.

ROUBLARD. — Et l'instituteur ? Je le croyais des nôtres ?

LHÉRISSÉ. — C'est un faux frère, un chien couchant ; il va passer ses soirées chez le vieux Deschamps, un badinguet enragé, d'ailleurs il est venu ici en avancement après le 16 mai.

ROUBLARD. — C'est très bien. J'en fais mon affaire auprès du comité d'arrondissement. Ouvrez toujours l'œil, frères, et surtout faites en sorte que nous puissions nous débarrasser de votre maire avant les élections générales.

LHÉRISSÉ. — Sois tranquille, j'ai mon idée.

ROUBLARD. — Tenez-moi au courant de ce qui se passera. Au revoir. (*Il sort.*)

LHÉRISSÉ. — Quel intrigant que ce Roublard ! Il n'était pas si fier quand on l'a forcé de vendre son étude d'huissier.

TURPAUD. — C'est égal il nous a donné un fameux coup de main dans l'affaire Ledoux.

LHÉRISSÉ. — Oui, parce qu'il voulait faire arriver son neveu. On dit qu'il sollicite une place de juge de paix.

TOUS. — Lui !... allons donc !

LHÉRISSÉ. — Il l'aura, car il est au mieux avec le député. Monsieur roulera voiture et nous lui ôterons notre chapeau.

TURPAUD. — Si nous le dénoncions ?

VI

LA LIBERTÉ RÉPUBLICAINE

*(La place du village. — Le Maire, le Notaire,
le Docteur.)*

Le Notaire. — *A M. Ledoux qui arrive.*
Je suis heureux, mon cher monsieur
Ledoux, de pouvoir répéter devant vous
ce que je disais il n'y a qu'un instant à
ces messieurs, combien je suis révolté de
la mesure qui vous a frappé.

M. Ledoux. — Je vous remercie, mes·
sieurs, des témoignages de sympathie
que vous m'avez prodigués. Jamais
je n'aurais pensé que, si près de
prendre ma retraite, un coup aussi
imprévu me fut réservé. Mais, dans
ce moment-ci, on procède par exécution en masse et bien d'autres se trou-
vent dans la même situation que moi.

Le Docteur. — Que diable aussi vous
avisez-vous d'aller signer une pétition
contre l'article 7 ?

M. Ledoux.—C'était imprudent n'est-ce-
pas? Je suis bien obligé d'en convenir
aujourd'hui, mais je cherche encore à
m'expliquer pourquoi.

Le Docteur. — C'était vous mettre en hostilité directe avec le gouvernement.

M Ledoux. — Tout au plus étais-je et suis-je encore en divergence d'opinion avec un des ministres est-ce donc là un crime irrémissible ?

Le Docteur. — Il s'agissait d'une loi ayant une portée considérable, d'une loi de progrès social.

M. Ledoux. — Pardonnez-moi, je n'ai protesté que contre un simple projet: mais quand bien même c'eut été contre une loi votée et promulguée, mon droit de pétitionnaire aurait toujours été le même. Ce droit n'a pas besoin d'être écrit dans une constitution, il est entre tous, imprescriptible et sacré. Voyons, docteur, si, contrairement à l'avis du gouvernement, je m'avisais de signer une pétition demandant l'abolition du monopole médical qui existe en faveur des médecins diplomés, qu'en penseriez-vous ?

Le Docteur. — Je trouverais votre proposition absurde

M. Ledoux. — Et si quelque médecin-major, quelque professeur de faculté ou des hôpitaux avait signé ma pétition, trouveriez-vous juste qu'on le destituât ?

Le Docteur. — Ah! mais non, par exemple !

M. Ledoux. — Il attaquerait cependant, sans se soucier de l'opinion des ministres, une loi établie, une loi d'une portée considérable, une loi sans laquelle la santé publique serait livrée aux mains des empiriques et des charlatans.

Le Docteur. — Mais cette loi là n'a rien de politique.

M. Ledoux. — L'enseignement non plus n'est pas dans le domaine de la politique; ce sont nos gouvernants qui veulent l'y mettre de force. On ne va pas à l'école ou au collége pour apprendre à être républicain, monarchiste ou impérialiste; on y va étudier les éléments des sciences; l'orthographe, les mathématiques, la géographie, les langues anciennes et modernes n'ont absolument aucun rapport avec les théories gouvernementales. Quant à l'histoire, que chacun apprécie à sa façon, il était bien simple, en s'arrêtant, comme on le faisait autrefois en 1789, de laisser aux jeunes étudiants l'entière liberté de leur jugement sur nos annales contemporaines. Mais, je vous en prie, n'invoquez pas le progrès, alors qu'on nous ramène au décret impérial de messidor, aux lois de 1790 et 1792 et aux ordonnances du roi Louis XV.

Le Notaire. — Je suis, comme vous, partisan de la liberté de l'enseignement, mais je ne voudrais pas de celui des jésuites.

M. Ledoux. — Alors ne leur confiez pas votre fils.

Le Notaire. — Vous n'avez pas besoin de me le recommander.

Le Maire. — Et ceux qui voudront leur faire élever leurs enfants comment feront-ils si vous les supprimez ?

Le Notaire. — Ils les enverront ailleurs, il ne manque pas d'autres ordres religieux.

Le Maire. — Ce n'en sera pas moins une grave atteinte à la liberté et puis voyez : Ferry supprime aujourd'hui les jésuites, demain les dominicains; après

lui Paul Bert supprimera toute congrégation religieuse, et finalement Clémenceau coulera obligatoirement tous nos
enfants dans le même moule athée et révolutionnaire.

Le Notaire. — Vous allez trop loin.
Plutôt mille fois les jésuites que l'enseignement athée !

Le Maire. — Qu'en dit le docteur ?

Le Docteur. — Je réserve mon opinion
sur ce point ; mais je suis prêt à déclarer, qu'à mes yeux, les tendances cléricales sont le plus grand danger de notre
situation actuelle.

M. Ledoux. — « Le cléricalisme voilà
l'ennemi. »

Le Docteur. — Oui, Gambetta a parfaitement raison.

M. Ledoux. — Vraiment, docteur, je ne
puis comprendre qu'un homme instruit
et perspicace comme vous, se laisse ainsi
duper par les manœuvres grossières de
ce charlatan politique. Dans l'opposition
comme au pouvoir, Gambetta n'a jamais
poursuivi qu'un but, la satisfaction de ses
appétits personnels. C'est dans toute la
force du terme *un jouisseur*, laissez-moi
lui donner cette épithète qu'il a si impudemment jetée à la face de ses adversaires ; c'est un jouisseur, qui, pour conserver un jour, une heure de plus, son
existence luxueuse, son faste de parvenu
et de traitant de l'ancien régime, sacrifiera, une à une, toutes les forces qui
soutiennent encore notre malheureux
pays.

Tenez, il me rappelle la tragique aventure de ce paysan que j'aie lue quelque
part, dans un conteur russe : il traver-

sait en traîneau, au cœur de l'hiver, une de ces immenses forêts que peuplent des loups affamés. Il se voit tout à coup entouré d'une bande de ces féroces animaux, son cheval est lancé à fond de train, mais les loups le suivent de près et redoublent leurs hurlements sinistres ; sa femme s'était évanouie ; le misérable la précipite hors du traîneau, espérant que les loups se contenteront de cette seule victime ; mais quelques minutes se sont à peine écoulées, ils reviennent plus ardents, plus effrayants que jamais ; fou de terreur, il leur jette son enfant, car il aperçoit au loin les toits d'un village qu'il espère atteindre ; son horrible calcul fut déjoué ! son cheval s'abattit, et son égoïsme sauvage ne put l'arracher à la mort. Gambetta est aussi, lui, harcelé par la bande des loups du radicalisme. Il leur a jeté la religion et le clergé, il leur jettera plus tard la justice et la magistrature ; mais je suis bien rassuré, en ce qui le concerne, sur l'issue du drame. Elle n'aura rien de sinistre, il saura sauver à temps sa précieuse existence.

Le Maire. — Vraiment, mon cher percepteur, vous connaissez votre homme à fond.

M. Ledoux. — C'est que j'ai eu tout le loisir de l'étudier pendant les années de mutisme que j'aie dû m'imposer. Aujourd'hui, vous le voyez, j'use de mon droit et je me dédommage.

Le Notaire. — Je serais tenté d'appliquer à votre destitution ce qu'un homme politique disait d'un crime célèbre : c'est bien pis qu'une mauvaise action, c'est une maladresse.

VII

AU CAFÉ

(La grande salle du café. — Groupes de causeurs, de joueurs et de buveurs).

GRANDCOLAS. — Non, vous avez beau dire, je ne puis croire une chose pareille.

LHÉRISSÉ. — Demande plutôt à Turpaud.

TURPAUD. — De quoi s'agit-il ?

LHÉRISSÉ. — N'est-il pas vrai que Monsieur notre maire a empoisonné le pays avec ses vignes américaines? Il y a deux ans, avant qu'il ne les ait plantées, on ne parlait pas chez nous du phylloxera, aujourd'hui il est partout.

TURPAUD. — Certainement, et plutôt que d'employer des drogues à le détruire chez lui, il l'a propagé chez ses voisins.

GRANDCOLAS. — Mais, quel intérêt peut-il avoir à détruire son propre bien, le plus beau vignoble du pays ?

TURPAUD. — Il y a des gens qui s'éborgneraient pour rendre leur voisin aveugle.

LHÉRISSÉ. — Et puis toi, Grandcolas, tu

n'es pas un malin. N'as-tu pas entendu dire qu'on ne trouvait plus personne pour cultiver les vignes et que les façons augmentaient tous les ans.

GRANDCOLAS. — C'est vrai, mais le vin aussi augmentait.

LHÉRISSÉ. — Oui, mais le temps arrivait où les gros chais n'auraient plus trouvé personne pour ramasser leur vendange, car, bien entendu, les petits particuliers faisaient passer leur intérêt avant celui des Messieurs. Alors, qu'ont dit ceux-ci ? — Faisons manger nos vignes et celles du pauvre monde par le phylloxera, et quand tous seront ruinés, nous les ferons travailler à notre mot.

GRANDCOLAS. — Mais eux aussi se ruinent du même coup ?

LHÉRISSÉ. — Quand ta vigne sera perdue, que te restera-t-il ?

GRANDCOLAS. — Ma maison, mon jardin...

LHÉRISSÉ. — Et tes deux bras, juste de quoi gagner ta vie en travaillant comme un nègre. Tu n'as pas, toi, la prairie de la Rive, les bois de Grand-Faye et le portefeuille bien garni de M. le maire qui lui permettront de vivre grassement, sans le revenu de ses vignes, et même de boire de bons coups, car le vin vieux ne manque pas dans sa cave; toi, tu bécheras ses champs à vingt-cinq sous par jour, mon ami, et tu boiras de belle eau claire.

GRANDCOLAS. — C'est-il Dieu possible? Je n'aurais jamais cru cela de lui !

LHÉRISSÉ. — Il en a trompé bien d'autres. Mais vienne l'élection et nous l'enverrons planter ses vignes d'Amérique.
(Il s'approche d'un groupe de jeunes gens.)

Eh bien! enfants, vous en donnez-vous du bon temps? Il y a des années, on vous aurait ici fermé la porte au nez, mais aujourd'hui nous sommes libres, on n'a pas besoin d'avoir la barbe au menton pour s'amuser et le garde n'oserait pas montrer ici sa frimousse de jésuite! — Qu'as-tu, toi, Pierret? Tu as l'air de pleurer dans ton verre?

Un jeune homme. — Il vient de chez le maire pour lui demander un certificat de soutien de famille, mais il paraît qu'il n'y a pas moyen.

Lhérissé. — Et pourquoi donc? .

Le jeune homme. — Parce que son père afferme son bien et vit de ses rentes.

Pierret. — Oui, mais il n'en est pas moins infirme, perclus de ses membres.

Lhérissé. — C'est juste cela. Son père ne peut pas travailler: supposez qu'il vienne à perdre son fermier, comment cultivera-t-il? il est paralysé. Mais je vois bien le fin mot; le maire veut favoriser le fils de Noirot qui est son ami, il le fera rester à sa place. Voilà ce que c'est, mes enfants, de mettre en place des ennemis du gouvernement.

Un jeune homme. — Est-il vrai, maître Lhérissé, que les permis de chasse vont être diminués?

Lhérissé. — Bien mieux que cela, tout à fait supprimés, — plus de gendarmes à nos trousses. La chasse libre! Voilà ce que veulent les amis de la république.

Le même jeune homme. — Pourquoi donc alors, n'a-t-on pas voulu accepter la proposition que nos députés avaient faite?

Lhérissé. — Parce que nous n'avons pas besoin de leurs avis. la Chambre sait ce qu'elle a à faire.

Le même. — Et la pêche, pourquoi ne pas la mettre libre aussi ?

Lhérissé. — Soyez tranquilles, les gardes ont le mot ; ils ne feront de procès qu'aux badinguets, nous ne sommes plus au temps où tout se faisait pour les bourgeois. On veut que le peuple soit libre et qu'il s'amuse. C'est comme le service militaire, on va le réduire de cinq à trois ans, puis à un an, puis on l'enlèvera tout à fait.

Le jeune homme. — Ça, je le croirai quand je l'aurai vu.

Lhérissé. — La république est comme une brave fille qui n'attaque personne et va partout sans crainte d'être attaquée.

Le jeune homme. — Les plus honnêtes filles font quelquefois de mauvaises rencontres.

Lhérissé. — Si on s'avisait de lui chercher querelle, nous sommes tous là pour la défendre, moi le premier.

Le jeune homme. — Vous avez donc pris bien du courage depuis la dernière guerre ? Vous étiez alors dans les célibataires et vous avez trouvé moyen de ne pas partir.

Lhérissé. — Qui t'a dit cela à toi, mal appris ? Sache que j'étais plus utile là où j'étais qu'à traîner mon sac avec les capitulards.

Le jeune homme. — Je ne dis pas cela pour vous offenser.

Lhérissé. — Non, tu répètes seulement ce que tu as entendu dire, mais tu ferais bien avant de parler de tourner ta langue dans ta bouche. —Tenez, enfants, voilà des journaux, lisez-moi cela, vous en verrez de salées sur les curés. Dimanche, il y aura encore du nouveau, et maintenant ne m'offrirez-vous pas un verre ?

Tous. — Avec plaisir, maître Lhérissé.

VIII

Les FINANCES de la RÉPUBLIQUE

Le Docteur. – Bah! vos chiffres ne sont pas sérieux.

M. Ledoux. — Ce sont ceux mêmes du *Journal officiel.*

Le Docteur. — Et vous prétendez que le budget de la république est le double de celui de l'Empire ?

M. Ledoux. — Plus du double : le dernier budget de l'Empire, arrêté par la Cour des Comptes, est celui de 1869 ; il s'est élevé à 1,840 millions, je vous donne les chiffres ronds, le projet du budget pour 1881 est de 3,776 millions.

Le Notaire. — Mais, cher Monsieur, dans ce chiffre énorme figurent, pour la plus grosse part, les dépenses occasionnées par la guerre et le payement de l'indemnité aux Prussiens.

M. Ledoux. — Assurément.

Le Notaire. — Alors, il n'est pas juste de mettre cette augmentation au compte de la république, tout autre gouvernement, à sa place, eût augmenté dans la même proportion les charges nationales.

Le Docteur. — En définitive, c'est nous

qui payons aujourd'hui les folies de l'Empire.

M. Ledoux. — Permettez ; l'Empire n'est pour rien dans la guerre à outrance, l'emprunt Morgan, la dilapidation des fonds publics par les gouvernants du 4 Septembre, la guerre civile, et toute cette série de désordres qui ont presque doublé les frais de la guerre. Mais, mettant de côté toute cette portion de la dette publique afférente aux charges de la guerre, charges qui, comme vous le dites fort bien, incombaient à tout gouvernement quel qu'il fût, il n'en est pas moins vrai que nous trouvons encore une augmentation de **quatre cent quarante millions** sur le dernier budget de l'Empire.

Le Docteur, — Ce n'est pas possible !

M. Ledoux. — Je vous renvoie encore à l'*Officiel*.

Le Notaire. — Il faut avouer cependant que, depuis cinquante ans, les budgets sont allés constamment en grossissant. Je dirais presque que c'est la conséquence du développement du bien-être social.

M. Ledoux. — Vous avez raison. Mais on ne saurait comparer des bonds désordonnés à une marche ascensionnelle régulière. Cinquante à soixante millions d'augmentation par année, c'est là un chiffre hors de toute proportion avec la plus-value du revenu national : notez enfin ceci, et c'est là le point de départ de notre conversation, que la république s'est toujours donnée pour le gouvernement le plus économe des deniers publics, pour le gouvernement bon marché par excellence. Or, sur ce point, chiffres en mains, on peut prouver à nos gouvernants qu'ils n'ont tenu aucune de leurs promesses. Croyez-vous, par exemple, qu'après 1870, il eut été impossible d'établir, dans toutes les branches de l'administration, une sévère économie? Qu'a-t-on supprimé? Qu'a-t-on modifié? Les fonctionnaires républicains, retenez bien cela, coûtent *soixante-deux millions* de plus que ceux de l'Empire; on a créé de nouveaux ministères, chaque ministre a été doublé d'un sous-secrétaire d'Etat, en un mot, on s'ingénie à grossir, avec une prodigalité véritablement inouïe, les dépenses du budget.

Le Docteur. — La critique est aisée sans doute, mais on ne réforme pas en un jour les abus enracinés sous les régimes précédents.

Le Notaire. — Cependant si tous ces abus, que les républicains signalaient autrefois avec tant de clairvoyance, sont maintenus et aggravés, quelle est, je vous le demande, la raison d'être de la république?

Le Docteur. — La république est un gouvernement de progrès. Elle tient moins à réaliser des économies insignifiantes qu'à transformer et à développer notre outillage national. Ce n'est pas quand on se propose d'exécuter pour dix milliards de travaux publics que l'on songe à rogner le traitement de quelques maigres fonctionnaires.

M. Ledoux. — Dans les affaires publiques comme dans la vie privée, mon cher docteur, il n'y a pas de bonne gestion sans économie. Quant aux projets aux-

quels vous faites allusion, je les relègue,
pour ma part, dans le domaine de l'uto-
pie.

Le Docteur. — Comment ? Mais beaucoup de ces travaux sont décidés, quelques-uns même sont commencés, rien
n'est plus sérieux.

M. Ledoux. — Je le sais et je le déplore,
car de nombreux millions seront englou-
tis dans des commencements de travaux
dont les projets ont été mal conçus et
mal digérés. Les ministres de la république ont semé à travers la France les promesses de canaux, de ports, de chemins
de fer, mais je les attends aux voies et
moyens.

Le Docteur. — Comment pouvez-vous
douter du succès quand vous voyez la
rente au chiffre qu'elle a atteint?

M. Ledoux. — Mon cher docteur, rien
de trompeur comme l'apparence ; vous le
savez mieux que personne, un teint animé n'est pas toujours l'indice de la santé,
on peut avoir le sang à la tête et sa circu-
lation n'en est pas meilleure pour cela.
C'est le cas de nos fonds publics: l'industrie dépérit, le commerce languit précisément parce que les capitaux craintifs
n'osent se lancer dans aucune entreprise.
Ils sont sans emploi, mais vous avez déjà
vu, par un exemple significatif, que les
grands travaux de l'Etat ne les attirent
guère. Enfin, si on s'avance dans la voie
du rachat des chemins de fer, vous verrez
la défiance s'accentuer de plus en plus.

Le Docteur. — Pourquoi donc ?

M Ledoux — Parce que, au point de
vue économique aussi bien qu'au point
de vue financier, c'est l'entreprise la plus

insensée que le gouvernement puisse concevoir.

Le Notaire. — Je suis parfaitement de votre avis, il faut que les hommes d'affaires soient bien rares à la Chambre pour que de semblables théories aient séduit la majorité.

Le Docteur. — Je n'entends pas grand chose, je l'avoue, aux questions de finances, mais je crois que l'initiative de l'Etat imprimerait aux travaux d'achèvement de notre réseau de voies ferrées une impression salutaire.

Le Notaire. — Docteur, vous souvient-il de l'*Union libérale* dont vous et moi faisions partie sous l'Empire ? Un des axiomes que nos maitres développaient avec le plus de complaisance était alors celui-ci : « Ne laisser entre les mains de l'Etat que ce qu'il y aurait péril à lui enlever ». Voilà en politique et en administration la vraie théorie de la liberté ; croyez-vous que la main-mise de l'Etat sur les chemins de fer nous rapproche beaucoup de cet idéal ?

Le Docteur. — Laissez-là l'idéal et songez plutôt à affirmer la république par de vigoureuses institutions.

M. Ledoux. — C'est cela, supprimons tout ce qui gêne l'affermissement de la république. Les grandes Compagnies de chemins de fer gènent, supprimons-les ; la liberté d'enseignement gène, supprimons-là ; supprimons aussi l'indépendance de la magistrature, et de suppression en suppression nous arriverons à faire de la république le pire de tous les despotismes, le despotisme d'une coterie. Le despotisme d'un homme laisse parfois chez un peuple des traces fécondes, le despotisme d'une poignée d'individus conduit fatalement un pays à l'abaissement et à la ruine. Les douze ou quinre cents républicains qui gouvernent la France semblent avoir à cœur de renier un à un tous les articles de leur *credo* politique. Ils prêchaient l'économie, l'ordre dans les finances, nous assistons au plus triste gaspillage qu'on ait vu depuis le Directoire ; ils promettaient le développement de toutes les libertés et ils ne peuvent même pas tolérer celles dont on jouissait sous les gouvernements antérieurs. La plus petite opposition les effraie, la moindre contradiction les irrite, ils n'ont plus qu'un souci, se maintenir au pouvoir en faisant banqueroute à l'opinion publique.

IX

L'ENTERREMENT CIVIL

(Une salle du café.)

Sivoyait. — Eh bien ! le pauvre Sotte-reau a donc cassé son tranchet ?

Turpaud. — Oui, il s'est laissé mourir. Cela a été bientôt fait. Il avait fait la noce chez son voisin Boissonneau ; il est rentré tard, un peu dans les vignes, et n'a pu ouvrir sa porte : il a bravement pris son parti et s'est couché tout au travers ; mais avec ce froid de loup, ça lui a été fatal.

Sivoyait. — Est-il mort gelé ?

Turpaud. — Non, pas tout à fait, le docteur a parlé d'une congestion céré-brale.

Sivoyait. — Après tout, le pauvre camarade ne laisse personne en peine, et son héritage ne sera pas lourd.

Lhérissé *(entrant).* — Nous avons gagné notre cause !

Turpaud. — Quelle cause ?

Lhérissé. — L'enterrement civil. Ça n'a pas été sans peine. C'étaient des si et des mais, les femmes s'en mêlaient, mais j'ai pris le bon moyen pour réussir ; j'ai dit, au neveu de Sottereau : « Ton oncle ne te laisse rien, mais si tu ne le fais pas enterrer avec honneur, on criera après toi, laisse-nous faire la cérémonie, tu n'auras pas un sol à dépenser et tu épargneras cent francs, au moins, que le curé t'aurait demandés pour ses *oremus* ; nous ferons venir du chef-lieu la musique des pompiers. » C'est cela qui l'a décidé.

Sivoyait. — Et vous aurez la musique ?

Lhérissé. — Non, mais il fallait le décider. Turpaud, n'as-tu pas des immortelles dans ton jardin ?

Turpaud. — Tu dis ?...

Lhérissé. — Des immortelles, il en faut des masses, chacun en portera à sa boutonnière.

Turpaud. — Laisse donc là tes immortelles, quand on est mort tout est mort.

Lhérissé. — C'est vrai, mais c'est un emblême.

Turpaud. — Emblême de quoi ?...

Lhérissé. — Je n'en sais rien, mais c'est un emblême : à la ville, à l'enterrement de Marcassin, tout le monde en avait.

Turpaud. — Moi, j'en suis pour la liberté, que chacun choisisse sa fleur, je prendrai la rose, c'est plus gai.

Lhérissé. — Eh ! bien soit ! mais, mes enfants, il faut un discours, voilà le diable ! Nous ne pouvons pas laisser passer une occasion comme celle là sans un discours, ne serait-ce que pour faire enrager les badinguets.

Sivoyait. — Faire un discours sur le père Sottereau ?

Lhérissé. — Pourquoi non ? n'en a-t-on pas fait un quand on enterra M. Bonnaud, notre ancien maire ?

Turpaud. — Fais le discours, si cela te convient.

Lhérissé. — Ce n'est pas ce qui m'embarasse, j'ai bien les idées mais je n'ai pas l'habitude de la parole.

Sivoyait. — On pourrait demander au notaire...

Lhérissé. — Quoi ! s'adresser à cette poule mouillée, on serait bien reçu !...

Turpaud. — Au docteur, qui est un bon.

-Lhérissé. — J'y avais pensé et je lui en avais déjà dit un mot. Savez-vous ce qu'il m'a répondu ? Enterrez-le sans tambours ni trompettes et si vous lui faites une oraison funèbre, vous pourrez dire : tel il a vécu, tel il est mort.

Sivoyait. — Tiens, au fait, ce ne serait pas long.

Lhérissé. — Oui, mais vous pensez bien, il plaisantait, il faisait allusion à ce que le pauvre défunt aimait un peu à chopiner. Voyons, Turpaud, toi qui as été clerc à la ville, tu dois savoir faire un discours.

Turpaud. — Ce n'est pas ce qui m'embarrasse, si je voulais j'en ferais un que le père Sottereau serait capable d'en revenir, tant il serait aise de l'entendre, mais, entre nous, je crois que nous ferons bien de suivre l'avis du docteur.

Lhérissé. — Oui, n'est-ce pas ? nous laisserons *enrocher* comme un chien, un de nos frères, un pur républicain, qui depuis trente ans a toujours combattu pour l'idée ?

Turpaud. — S'il arrivait de Nouméa,

ou si on l'enterrait à cent lieues d'ici, je vous ferais tous pleurer en parlant de ses vertus, mais ici, dans le bourg, ou chacun l'a connu, lui que les gamins appelaient Bec Salé; ça serait raide !

LHÉRISSÉ. — Songe que les réactionnaires ne paraîtront pas à l'enterrement, il n'y aura que les parents du défunt et les frères et amis ; et puis nous enverrons le discours à Roublard qui le fera mettre dans le journal avec le récit de la cérémonie.

TURPAUD. — Tu crois que mon discours serait imprimé !

LHÉRISSÉ. — Je t'en donne ma parole, et avec ton nom : Discours du citoyen Turpaud, prononcé par le citoyen Lhérissé !

TURPAUD. — Eh bien ! dans dix minutes je vais te brocher cela.

LHÉRISSÉ. — Fais vite, il faut le temps de l'apprendre par cœur. *(Turpaud sort).*

SIVOYART. — Tout de même, il a joliment d'éducation, ce Turpaud !

LHÉRISSÉ. — Peuh ! parce qu'il met un peu d'orthographe ! Si ce n'était que de ça, tu me verrais écrire autrement qu'il ne fait.

SIVOYART. — Est-il vrai qu'il a manqué être huissier ?

LHÉRISSÉ. — Oui, il dit qu'il n'a pas voulu, mais on sait à quoi s'en tenir.

SIVOYART. — N'en savait-il pas assez long ?

LHÉRISSÉ. — Ce n'est pas cela.

SIVOYART. — Peut être ses opinions politiques ?

LHÉRISSÉ. — Bah ! en ce temps-là, on ne s'occupait pas de ça.... non, son patron

oubliait quelquefois la clé de son tiroir...
(*à Turpaud qui entre*) Eh! bien, vieux
frère, est-ce fait?

Turpaud. — Un peu écoutez-moi ça:
  « Citoyens,
» Nous sommes de ceux qui ne croient
» point à une autre vie...

Lhérissé. — Bien. J'aime ça, c'est net,
c'est carré.

Turpaud... mais en face de la tombe
» d'un ami, d'un de nos frères, nous ve-
» nons offrir nos consolations à ceux qui
» pleurent, nos encouragements à ceux
» qui espèrent.
» Pendant tout le cours de son existen-
» ce, Jean Sottereau fut soumis à un la-
» beur pénible et rebutant...

Lhérissé. — Il ne faut pas dire cela! il
ne faut pas dire que le métier de cordon-
nier est dégoûtant.

Turpaud. — Je ne dis pas dégoûtant,
je dis rebutant.

Lhérissé. — C'est tout comme. Nous
aurons des cordonniers à la cérémonie,
il faut les ménager, en général ils sont
bons.

Turpaud. — Eh! bien, mettons « rude
» et pénible. »

Lhérissé. — J'aimerais mieux quelque
chose de flatteur. Tu sais comme ils sont,
les compagnons de Saint-Crépin.

Turpaud. — Mettons alors : « Aussi
» noble que pénible...»

Lhérissé. — Parfait!

Turpaud (*continuant*)... Mais ce n'était
» pas seulement un artisan d'une habi-
» leté rare...

Lhérissé. — Rare... il ne faudrait pas
froisser les confrères.

Turpaud. — Mais puisqu'il est mort ? Mettons, si tu veux, « artisan émérite » ; ils ne comprendront pas.

Lhérissé. — Que penses-tu que veuille dire émérite, Sivoyait ?

Sivoyait. — Emérite ?... ma foi, je n'en sais rien.

Lhérissé (à Turpaud). — Bien, laisse émérite. Continue.

Turpaud (*lisant*). — «... C'était aussi un
» travailleur de la pensée : tandis que
» son corps se courbait sous le poids du
» travail de chaque jour, son âme s'élan-
» çait radieuse et allait planer dans les
» régions sereines où règne l'éternelle
» justice...

Sivoyait. — Fichtre ! que c'est beau !

Lhérissé. — Oui, pas mal... pas mal... Mais il y a là des mots qui me choquent, pourquoi parler d'âme et de justice éter-nelle ?

Turpaud. — C'est un emblème comme tes immortelles. La justice, c'est la répu-blique, l'idée ; l'idée est éternelle.

Lhérissé. — Ah ! si c'est la justice ré-publicaine, c'est différent, je n'ai plus rien à dire. Va toujours.

Turpaud. — « Il est mort comme il
» avait vécu...

Sivoyait. — Tiens, comme a dit le doc-teur.

Turpaud. — Oui, mais attendez... (*li-sant*) « ... En homme libre, indépendant,
» ennemi de tous les jougs et de tous
» les dogmes, en vrai républicain.

» Tu es parti, Sottereau, quand ton
» pays pleure encore de honte et de mi-
» sère, tu es parti avant l'aurore du
» grand jour, tu es parti trop tôt !

» Jouis donc, jouis maintenant du
» bonheur réservé aux cœurs purs. Nous
» jurons, nous qui te survivons, d'être
» fidèles à tes doctrines et d'assurer leur
» triomphe au prix de notre sang et de
» notre vie. Nous devions faire ce ser-
» ment sur ta tombe avant de te dire au
» revoir!... »

Lhérissé. — Au revoir!... où ?

Turpaud. — Tu m'assommes avec tes
critiques, au revoir... quelque part !

Lhérissé. — Cela sent le clérical. Autant vaudrait lui donner rendez-vous
dans un « monde meilleur ».

Turpaud. — Après tout, si mon discours ne te convient pas, il peut convenir à d'autres, et je n'ai pas besoin de toi
pour le prononcer. (*Il sort.*)

Sivoyait (*à Turpaud*). — Vous l'avez
piqué.

Lhérissé. — Tant pis ! C'est un orgueil-
leux qui n'en voudrait que pour lui.
Quant à son discours, qu'il l'emporte ! Il
ne le prononcera pas, j'y mettrai bon ordre.

Sivoyait. — Et comment cela?

Lhérissé. — Je vais de ce pas chez le
neveu de Sotterau. Il fera enterrer son
oncle par le curé ou j'y perdrai mon
nom.

LA JUSTICE RÉPUBLICAINE

Le Maire. — Qu'avez-vous donc, père Thibaud ? Vous paraissez bien animé.

Thibaud. — Ah ! monsieur le maire, on m'a fait une injustice abominable, j'ai perdu mon procès.

Le Maire. — Eh ! bien, maudissez à l'aise votre juge, vous savez que le proverbe vous accorde vingt-quatre heures pour cela. D'ailleurs, il n'est point de cause si bonne qui ne puisse se perdre.

Deschamps. — Sans doute, mais le pire c'est que son adversaire Lhérissé va partout disant qu'eût-il eu dix fois raison, Thibaud était sûr de perdre sa cause.

Le Maire. — Lhérissé, vous le savez bien, est le plus impudent drôle du pays. Il ne faut attacher aucune importance à de semblables propos.

Deschamps. — Cependant les apparences sont pour lui. Ce n'est pas la première fois que monsieur notre juge de paix est accusé d'obéir aux ordres des radicaux.

Le Maire. — Il me répugne de croire à de pareilles bassesses. Mais voilà à quoi on expose un juge quand on le choisit uniquement pour ses opinions politiques.

THIBAUD. — Il ne me reste plus qu'une ressource ; je vais appeler au tribunal.

LE MAIRE. — Faites appel, Thibaud, nous avons encore des juges au chef-lieu d'arrondissement. (*Thibaud s'éloigne.*) Si ses récriminations sont fondées, il fera bien de faire juger son affaire avant que la loi sur la magistrature ne soit adoptée.

DESCHAMPS. — Serait-il possible qu'une pareille loi fût votée ?

LE MAIRE. — Tout est possible au temps où nous vivons.

DESCHAMPS. — Mais que veulent-ils donc ?

LE MAIRE. — Autrefois un grand seigneur demandait à un juge de lui donner gain de cause devant la Cour qu'il présidait, il ajoutait qu'il lui en aurait une grande obligation. « La Cour rend des arrêts et non pas des services », répondit ce magistrat du vieux temps. Des juges qui rendent des services, voilà ce qu'ils veulent.

DESCHAMPS. — Mais, Monsieur, nos biens, notre vie, notre honneur, tout, à un moment donné, peut se trouver aux mains de la justice, si nous n'avons pas confiance en elle autant vaudrait vivre chez les sauvages !

LE MAIRE. — Aussi les gouvernements réguliers s'efforcent-ils d'entourer le magistrat de toutes les garanties possibles d'indépendance. Voilà pourquoi, chez nous, les juges sont nommés à vie et ne peuvent être destitués que pour forfaiture, c'est-à-dire pour avoir trahi leurs devoirs de magistrats.

Deschamps. — Comment enlever à un homme un droit dont il doit jouir toute sa vie? Je comprendrais qu'on changeât la loi pour les juges qui sont à nommer, mais non pour les anciens.

Le Maire. — C'est précisément à ceux-là qu'on en veut.

Deschamps. — Et que leur reproche-t-on donc ?

Le Maire. — Ce qu'on leur reproche, c'est d'être inaccessibles à la passion aussi bien qu'à la crainte. C'est de condamner, comme à A'ais, une municipalité qui viole les lois de la propriété avec l'appui et les encouragements d'un préfet, c'est de forcer un ancien préfet, aujourd'hui ambassadeur de la république, à payer les dégâts commis dans une propriété privée, saccagée avec son autorisation, c'est de punir un journaliste qui insulte publiquement un président de Cour d'appel, voilà les faits qui attirent la haine des radicaux et qui motivent l'épuration de la magistrature française.

Deschamps. — Ils auront donc des juges révocables comme un sous-préfet et un cantonnier ?

Le Maire. — Non, une fausse honté les retient encore ; ils se contenteront de suspendre pendant trois mois l'inamovibilité, ils feront leur triage, puis les juges nouvellement investis, seront plus inamovibles que jamais.

Deschamps. — Mais si le gouvernement vient à changer, il n'acceptera jamais tous ces juges rouges, il les susprendra encore pour faire son choix.

Le Maire. — Sans nul doute, et même pas n'est besoin pour cela d'un changement de gouvernement. Si M. Dufaure, au temps de M. Thiers, avait épuré la magistrature, il est à croire qu'au 16 Mai M de Broglie ne s'en serait pas privé, et après lui M. de Marcère, dont les choix ne conviendraient certes pas au garde des sceaux actuel.

DESCHAMPS. — Autant vaudrait les rendre tout net révocables.

LE MAIRE. — Cela, au moins, aurait le mérite de la franchise et le résultat serait le même.

DESCHAMPS. — Ah ! Monsieur, nous allons bien mal !

LE MAIRE. — Nous irons plus mal encore, mais ne perdons pas courage. Vous savez que les plus violents orages sont ceux qui nous ramènent le beau temps.

AU CONSEIL MUNICIPAL

Le Maire. — Messieurs, toutes les questions qui devaient vous être soumises ont été examinées ; on va vous donner lecture du procès-verbal.

Lhérissé. — Je demande à faire une proposition.

Le Maire. — Faites votre proposition.

Lhérissé. — Le gouvernement de la république, le seul qui convienne à des hommes libres, nous a tirés de l'esclavage et des hontes de l'Empire...

Le Maire. — Je vous ferai observer que les discussions politiques sont absolument interdites au sein du Conseil municipal, et que vos paroles sont de nature à provoquer, de la part de ceux de vos collègues qui ne partagent pas votre manière de voir, de très ardentes protestations. Cela dit, je prie les membres du Conseil de vous laisser exprimer vos idées et formuler votre proposition en toute liberté.

Lhérissé. — Des hontes de l'Empire, qui... de ces hontes que... Monsieur le

Maire, vous m'avez interrompu pour me faire perdre le fil de mes idées... je n'ai pas l'habitude de la parole...

Le Maire. — Faites votre proposition purement et simplement.

Lhérissé. — Eh ! bien, purement et simplement, je demande que sur le socle où était anciennement le buste du représentant d'un régime détesté, nous placions une image chère à tous les bons Français, l'image de la république, qui nous a placés au rang des peuples libres, qui a libéré le territoire, qui nous mérite le respect et l'admiration de tout l'univers. Je demande à faire, à mes frais, l'acquisition d'un buste de la république, qui fera le plus bel ornement de la salle de nos séances, et qui...

Le Maire. — Pardon, monsieur, il serait inutile de prolonger indéfiniment la séance en entrant dans des considérations d'un ordre absolument politique. Cela amènerait nécessairement la discussion sur un terrain qui nous est interdit. Vous avez fait votre proposition ; ce n'est pas la première fois qu'elle nous est soumise. Déjà, lors de la formation du budget, vous aviez demandé qu'une somme laissée sans emploi reçut cette destination. Le Conseil crut alors plus opportun de l'allouer, à titre de secours, aux enfants d'un pauvre ouvrier qu'un malheureux accident laissait sans ressources. Aujourd'hui, vous offrez généreusement à la commune un buste payé de vos deniers. C'est au Conseil, sous la haute approbation de l'administration, qu'il appartient d'accepter ou de refuser ce don. On peut même dire que les dispositions de l'administration supérieure étant bien connues, l'acceptation ou le refus dépendent absolument du Conseil municipal. La question se trouve donc ainsi posée : Est-il nécessaire, est-il même utile de placer sous les yeux d'une assemblée qui, aux termes de la loi, doit se tenir absolument en dehors des passions qui agitent le monde politique, une effigie, dont la vue désagréable irritera les uns, tandis qu'elle sera considérée par les autres comme le signe évident de l'humiliation définitive de leurs adversaires. Ce n'est point la contemplation d'une figure en plâtre qui serait de nature à modifier des convictions profondes et, j'ose le dire, éminemment respectables. Je repousse donc, en ce qui me concerne, votre offre comme ayant une tendance provocatrice et pouvant avoir, à plusieurs points de vue, de graves inconvénients.

Lhérissé. — Pourquoi, avant 1870, aviez vous donc le buste de l'Empereur, là, en face de nous.

Le Maire. — Il est d'usage, en effet, d'avoir, dans toutes les salles où se réunissent les assemblées délibérantes, l'effigie du chef de l'Etat. Il est la personnification la plus élevée et la plus sensible de la loi ; si vous nous offriez le portrait de M. Grévy, président actuel de la république, je n'aurais aucune objection à vous faire : il trouverait là sa place, comme l'y avait, avant lui, le chef du précédent gouvernement. Mais votre buste ne représente rien qu'une pure abstraction ; il symbolise une forme de gouvernement essentiellement et absolument variable, que chacun conçoit et interprète à sa guise. J'en appelle à notre collègue, le notaire, et je lui demande s'il comprend le gouvernement républicain à la façon de M. Lhérissé.

LE NOTAIRE. — Je désirais m'abstenir de prendre part à cette discussion, mais, puisque M. le maire m'interpelle, je crois d'abord devoir relever une expression qui m'a semblé peu bienveillante pour ceux qui ne pensent pas comme lui. Il a dit, en parlant de l'image de la république, que ce serait un objet désagréable ; la république est généralement représentée sous les traits d'une belle femme, couronnée d'épis et une étoile au front ; il est très vrai, comme l'a fait remarquer monsieur le maire, que cette image est purement idéale, mais, sous une forme matérielle, elle nous représente ce qu'on est en droit d'attendre du gouvernement républicain. La vertu et le désintéressement figurés par la régularité et la noblesse des traits du visage, le progrès dans les arts et dans les sciences marqué par l'étoile au front, l'abondance symbolisée par les épis ; il n'y a dans ces attributs rien que l'esprit le plus mal disposé puisse critiquer, et, en ce qui me concerne, je puis dire que quand un gouvernement s'appuiera sur de pareils principes, je serais toujours fier de le défendre et de le soutenir.

LE MAIRE. — Messieurs, notre collègue vient de nous dépeindre l'image dont il nous gratifierait s'il avait la liberté de la choisir. Mais, à côté de cette figure placide et débonnaire, dont nous retrouvons le type sur nos pièces de monnaie, il en est une autre, à l'œil sévère, aux sourcils froncés, aux cheveux épars ; elle est coiffée du bonnet rouge, elle s'appuie sur la hache et sa main tient une pique. Laquelle de ces deux images représente la vraie république ? Celle aux épis, nous dira l'un ; celle au bonnet, répondra l'autre. Faudra-t-il donc changer chaque jour notre symbole à mesure que nous avancerons dans la voie où nous sommes lancés ? Nos gouvernants l'ont bien compris. Les doctrines républicaines sont trop ondoyantes et trop diverses pour que l'on puisse arrêter, d'une manière irrévocable, les signes sensibles qui pourraient les traduire à nos yeux. Quand ils se seront mis d'accord sur les principes, ils s'accorderont peut-être sur leurs symboles ; en ce temps-là, et en admettant toutefois qu'une loi nous y contraigne, nous pourrons placer ici le buste de la république régnante.... Je mets aux voix la proposition qui vient d'être discutée.

La majorité du Conseil repousse la proposition.

LHÉRISSÉ. (*à demi-voix*.) — C'est bien On saura ce qu'il en coûte d'insulter la république.

XII

ÉPILOGUE

(Chez le notaire.)

L'Instituteur. —Pardonnez-moi, monsieur, de venir vous importuner ; mais j'ai grand besoin de vos bons avis, et, peut-être aussi, de votre intervention. Vous me voyez encore tout bouleversé de la dépêche que j'ai reçue hier soir.

Le Notaire. — Qu'y a-t-il donc ?

L'Instituteur. — Je suis avisé de mon changement de résidence. On m'envoie à vingt lieues d'ici, dans une bourgade, un poste de début.

Le Notaire. — Et comment avez-vous encouru une pareille disgrâce ?

L'Instituteur. — Une dénonciation, monsieur, une dénonciation calomnieuse ! On l'accueille, sans même me permettre de me justifier. Ne voudrez-vous point joindre vos efforts à ceux du docteur pour faire revenir l'administration sur les injustes préventions qu'on lui a inspirées à mon égard.

Le Notaire. — Avec le plus grand plaisir, quoique, à vrai dire, aujourd'hui, on ne m'écoute plus guère. Vous avez sans doute parlé au docteur ?

L'Instituteur. — Oui, monsieur, il a bien voulu, dès ce matin, se rendre à la ville, il doit parler de mon affaire à son ami l'avocat Rady. Mais je l'aperçois ; peut-être va-t-il me délivrer d'inquiétude.

Le Notaire (au docteur qui entre). — Eh! bien, docteur, nous apportez-vous des nouvelles ?

Le Docteur. — Oui, et vous en serez à bon droit surpris. (A ·l'instituteur). Quant à vous, mon pauvre ami, l'àrrêté est signé, il n'y a pas à y revenir, vous pouvez faire vos malles.

L'Instituteur. — Mais, monsieur le docteur, que l'on précise au moins les accusations portées contre moi : a-t-on jamais condamné quelqu'un sans l'entendre ?

Le Docteur. — Votre présence ici déplait à certaines personnes, cela suffit, à ce qu'il paraît. Partez donc si vous voulez éviter la révocation.

L'Instituteur. — Je n'accepterai jamais un pareil déni de justice; je vais envoyer ma démission. (Il sort.)

Le Notaire. — Encore un ami gagné à la république !

Le Docteur. — C'est une révoltante iniquité. Mais savez-vous ce que j'ai appris à la ville? Le maire est révoqué et notre Conseil municipal dissous.

Le Notaire. — A-t-on commis pareille bévue? N'avez-vous rien fait pour l'empêcher ?

Le Docteur. — En ce qui concerne le maire, si ridicule que soit le motif de sa

révocation, j'aurais encore passé con-
damnation, car je n'admets pas, vous le
savez, un maire hostile au principe du
gouvernement. Mais le Conseil dissous !
Comprenez vous ! le Conseil dissous et
remplacé par une Commission munici-
pale ?

Le Notaire. — J'espère au moins que
je n'y figure pas, je refuserais avec éclat !

Le Docteur. — N'en ayez nul souci.
Nos commissaires municipaux, par la
grâce de l'administration, sont actuellement les citoyens Lhérissé, Turpaud
et Cⁱᵉ.

Le Notaire. — Comment votre ami
l'avocat, qui connait la situation, ne s'est-
il pas opposé à une semblable aberra-
tion ?

Le Docteur. — Savez-vous ce qu'il m'a
dit ? L'administration n'a plus ni volonté,
ni initiative, elle est à plat ventre devant
les députés, et ceux-ci, à la dévotion
d'obscurs courtiers électoraux organisés
dans chaque village en comités, corres-
pondant avec un comité central dont les
décisions sont souveraines. C'est sur leur
dénonciation que les fonctionnaires sont
frappés, nous venons d'en avoir un exemple sous les yeux. Bien nous en prend à
vous et à moi d'être parfaitement indé-
pendants, sans cela il nous faudrait compter avec Lhérissé et ménager son compè-
re Turpaud.

Le Notaire. — Quelle honte et quelle misère ! Seignobos à la Chambre des députés, Lhérissé au village, voilà en haut et
en bas de l'échelle à quels personnages
obéissent nos gouvernants. Ont-ils donc
juré d'attirer eux-mêmes la haine et le

mépris sur le gouvernement qu'ils servent ?

Le Docteur. — Ils en prennent le chemin. En attendant, ce coup d'autorité perd
à jamais la cause républicaine qui, dans
notre commune, gagnait du terrain.Dou-
tez-vous maintenant du succès des réactionnaires aux prochaines élections municipales ?

Le Notaire. — Si vous voulez le fond
de ma pensée, non seulement je prévois
leur triomphe, mais, au point où en sont
les choses, je le désire.

Le Docteur. — Je n'en suis pas encore
là, mais je conviens avec vous que l'an-
cienne administration valait infiniment
mieux que la brutale et stupide domina-
tion que nous allons subir.

Le Notaire. — Ah ! docteur, vous êtes
plus jeune que moi, vous pouvez encore
conserver quelque illusion ; pendant
vingt années, tous mes vœux ont appelé
la république ; avec elle, je croyais au
règne de la liberté et de toutes les vertus sociales. Qu'ai-je vu ? Après la plus
horrible guerre civile qui ait jamais en-
sanglanté nos annales, l'impuissance absolue des gens de bien, l'impéritie des
chefs, leur rivalité, leur égoïsme, leur
insatiable amour du pouvoir, tandis
qu'au dessous d'eux ils attisent les passions comme le chauffeur embrase le
charbon qui doit emporter sa locomoti-
ve ; mais le chauffeur sait modérer et diriger cette force aveugle, tandis que les
mains inconscientes de nos maîtres en-
tassent le combustible sans règle et sans
mesure, et que la machine nous entraîne
avec une vitesse vertigineuse. Quelque

choc horrible nous arrêtera sans doute, nous verrons alors, sous l'influence des malheurs que nous n'aurons pas su éviter, une réaction formidable contre les idées et les doctrines qui nous avaient séduits.

Le Docteur. — Nous pourrons dire adieu à la république.

Le Notaire. — Franchement, quels regrets nous aura-t-elle laissés ?

FIN

www.ingramcontent.com/pod-product-compliance
Lightning Source LLC
Chambersburg PA
CBHW051128050726
47594CB00003B/999